PÉTITION

A MESSIEURS

LES MEMBRES DE LA CHAMBRE DES DÉPUTÉS.

IMPRIMERIE DE J. GRATIOT,
Rue du Foin Saint-Jacques, Maison de la Reine Blanche.

PÉTITION

A MM. LES MEMBRES DE LA CHAMBRE DES DÉPUTÉS.

ABOLITION DE L'ESCLAVAGE,

DIVISION DES TERRES,

INDEMNITÉ;

PAR UN PROPRIÉTAIRE D'ESCLAVES.

> L'abolition de l'esclavage doit avoir pour but d'asseoir les colonies sur une base solide et de les conserver à la France.
>
> *Revue des Colonies*, p. 67, 2e année, mois d'août 1835, n. 2.

PARIS,
CHEZ L. HACHETTE,
LIBRAIRE DE L'UNIVERSITÉ ROYALE DE FRANCE,
RUE PIERRE-SARRAZIN, N° 12.

1836.

HABITATION LA SALUBRE,
Quartier du Lamentin, île Martinique, le 1er juin 1836.

A Messieurs les Membres de la Chambre des Députés, à Paris.

MESSIEURS,

LOUIS VITALIS, propriétaire planteur, quartier du Lamentin, île Martinique, a l'honneur de vous soumettre les considérations qui suivent, et vous supplie de faire droit à ses conclusions, s'il y a lieu.

Lorsque des hommes généreux, cédant au noble enthousiasme dont leur âme est remplie, ont souvent fait retentir votre enceinte du cri de l'humanité, et sollicité en son nom l'abolition de l'esclavage dans nos colonies, votre raison, qui les approuve par sympathie, mûrissant néanmoins avec calme et réflexion les conséquences d'ensemble de cette grande et honorable conception, dut, à regret sans doute, en ajourner l'accomplissement. Mais le temps marche vite dans le siècle où nous vivons!... Et vous n'entendrez peut-être pas sans quelque surprise, la voix d'un planteur blanc appeler votre attention en faveur de cette mesure.

Oui, Messieurs, l'émancipation des esclaves, déjà promulguée par l'Angleterre, n'est que reculée en France. C'est un fait avéré même parmi nos nègres..... En vain, le gouvernement semble-t-il vouloir donner le change sur ses intentions à cet égard, en nous dotant d'une législature nouvelle qui paraîtrait promettre encore quelques années de vie à l'ancien état des choses. Entraîné lui-même par les plus graves inconvénients, il ne sera bientôt plus le maître d'assurer le maintien des institutions qui nous régissent, en présence des hauts intérêts politiques et privés qui nous menacent... Et, ce n'est pour ainsi dire qu'en promettant indirectement l'abolition de l'esclavage, qu'il a pu calmer momentanément les élans de cette philanthropie qui a pénétré toutes les classes de la société sans distinction d'opinion, et qui réclame impérieusement cette mesure pour nos possessions d'outre-mer, comme la conséquence forcée de la prohibition de la traite des noirs. L'on doit donc regarder comme une vérité démontrée, que, dans l'état actuel de la civilisation européenne, les colonies ne pourraient supporter quelque temps encore leur constitution barbare et surannée, qu'en supprimant toute communication avec le reste du monde; or, cette suppression est impraticable...

D'accord, quant au principe; on ne paraît plus hésiter que sur les moyens de consommer équitablement ce grand œuvre. C'est effectivement là qu'est toute la difficulté, puisqu'au mode à adopter pour résoudre ce problème d'humanité et d'ordre social, est attaché le succès ou la déconvenue d'une mesure qui va décider d'un seul coup du sort d'une population tout entière, de l'avenir de notre commerce maritime, et peut-être de notre position navale dans l'échelle politique de l'Europe et du monde. Cependant, la question qui nous occupe est arrivée, par les efforts multipliés de la presse qui n'est ici que l'écho de la raison publique, à ce degré de maturité qu'il y aurait péril à reculer encore sa solution. L'attente est aujourd'hui le pis de tous les maux pour les colons de toutes les conditions; elle plonge ici les esprits dans une anxiété décourageante qui paralyse les transactions, achève de détruire la confiance, frappe la propriété de non valeur et ruine les colonies par anticipation. Des faits aussi patents parlent assez haut pour être entendus, et déterminer enfin le gouvernement à se prononcer malgré l'opposition intéressée des partisans du bon vieux temps, qui se roidissent systématiquement contre toute idée d'émancipation.

Pressés de s'inscrire les premiers dans les fastes de l'humanité, nos voisins ont pris la capitation des esclaves pour base unique du rachat, sans égard pour l'avenir de la production dans leurs colonies occidentales. Mais cette ornière, creusée après coup par la France pour sécher les larmes des colons échappés aux massacres d'Haïti, ne satisfait pas les bons esprits; elle ne résout qu'imparfaitement un seul point de la question. Subjugués cependant par un fatal entraînement, plusieurs paraissent conduits à en suivre la pente pour ainsi dire malgré eux, comme s'ils manquaient de données assez positives sur la matière pour choisir une voie neuve, large, et mieux appropriée à tous les besoins. Nous croyons donc remplir un devoir, Messieurs, en soumettant à votre haute sagesse, le projet d'application de l'abolition de l'esclavage aux colonies françaises, le plus rationnel qui nous ait apparu pour concilier, autant que possible, tous les intérêts avec les droits sacrés de la sainte humanité. Heureux, si ce faible essai d'un homme peu expérimenté dans l'art de formuler ses idées, est jugé digne, par l'importance de son but, de provoquer parmi vous cette discussion approfondie et consciencieuse qui répand toujours une si vive lumière sur toutes les propositions qu'elle embrasse !

Le sentiment prédominant du philanthrope est de mettre l'homme en liberté. C'est sans doute le premier, le plus grand de tous les biens. Mais personne ne sait mieux que vous, Messieurs, que ce don du ciel qu'il n'aurait jamais dû perdre, a besoin, pour être mis en harmonie avec l'état social, des modifications que l'ordre lui impose, et que, moins les hommes sont avancés dans la civilisation, plus le législateur appelé à la tâche difficile de les rendre heureux, doit veiller à l'accord de ces deux principes.

Cependant, il faut le dire, la pensée de l'émancipation coloniale ne vous a encore été présentée que comme une belle hypothèse, environnée de toutes les éventualités d'une utopie, et sans plan déterminé dans ses moyens d'application. Placés entre les récriminations de la classe intermédiaire qui souffre, et les exigences de celle qui commande en souveraine, il a dû en effet vous paraître difficile d'adopter un parti à l'égard du misérable ilote dont le sort est d'obéir en silence et de gémir sous toutes les volontés !... Vous avez, pour ainsi dire, été forcés quant à ce, de vous retrancher derrière la maxime du sage : « Dans le doute, abstiens-toi. » De là, l'ajournement indéfini et les demi-mesures, conséquences souvent funestes, mais toujours inséparables de l'indécision.

Serait-il vrai que nos possessions d'outre-mer fussent encore, dans certains cas, aussi loin de la France par la connaissance de leurs mœurs, de leur véritable esprit et de leurs plus impérieux besoins, qu'elles le sont par l'espace qui les en sépare? Cependant les créoles abondent à Paris; on en voit dans les écoles, dans le monde, dans l'administration, dans l'armée, dans la magistrature, etc., et partout l'on vante avec raison leur urbanité, la délicatesse de leurs manières, la douceur de leur langage... Mais ce n'est pas là qu'il faut les étudier. C'est dans leur propre pays, au milieu de leurs esclaves, le panama sur la tête, la rigoise ou le coutelas à la main... Eh bien ! n'envoie-t-on pas de temps à autre des commissaires spéciaux dans les colonies pour éclairer le gouvernement sur tout ce qui les concerne. Certes, ce n'est ni le zèle ni le talent qui leur manquent pour faire d'excellents rapports. Mais c'est le temps, sans lequel il n'y a pas de bonnes observations possibles; c'est la faculté de voir sans être vu, de se glisser à volonté dans tous les rangs de la société pour en analyser l'esprit avec une froide impartialité, de n'entrer enfin dans la pensée des hommes par la brèche qu'y laissent toujours leurs actions, que comme si l'on n'avait à soi ni opinion faite d'avance, ni instructions supérieures à suivre, ni ménagements à garder pour qui que ce soit au monde... Nous sommes également loin d'élever le moindre doute sur la loyauté des documents fournis par les hauts fonctionnaires des diverses colonies. Mais quelque habileté qu'ils mettent à se garer des influences locales, il leur est impossible de les éviter complétement; leur position relative est trop élevée pour qu'ils ne soient pas forcés malgré eux de voir beaucoup de choses par les yeux des autres. Et c'est là la porte secrète par laquelle la coterie du privilége qui bloque étroitement toutes les issues du pouvoir, fait arriver officiellement au ministère les erreurs qu'il lui convient d'accréditer... Il a fallu un événement comme la révolution de juillet pour permettre aux justes plaintes de la classe libre de parvenir jusqu'à l'oreille du gouvernement. Un pas de plus et le tour des esclaves était peut-être venu... Mais une fois la bourrasque passée, l'aristocratie coloniale reprenant ses positions a tout arrêté par ses sourdes menées... Elle seule aujourd'hui est légalement représentée en France et tout se fait par elle au dedans... Puissiez-vous, Messieurs, au milieu de ce dédale d'incertitudes, reconnaître enfin les utiles vérités qu'un obscur citoyen vient déposer à vos pieds! Guidé par un sentiment de pure équité, soutenu par l'expérience, fruit tardif d'une longue et scrupuleuse observation, nulles passions, nulles préventions personnelles n'altèrent dans sa pensée ni les faits qu'il vous soumet, ni les conséquences qu'il ose en déduire. S'il se trompe ce sera l'erreur de son jugement et le vôtre saura la rectifier.

Vous le savez, Messieurs, les plaintes des colons vous l'ont appris de reste : la lime du temps a rongé les fers de nos esclaves, ils ne tiennent plus qu'à un fil; le plus léger effort de leur part peut les briser... Mais ce qu'ils se garderont bien de vous dire, c'est qu'il est impossible de les river de nouveau et qu'il n'y a plus d'avenir pour les colonies que par la liberté...

C'est donc vers une sage application de cette liberté à nos malheureux noirs, que doivent tendre maintenant tous les efforts de la mère-patrie que vous représentez; car, toutes les fois que la somme du bien qui peut résulter d'un nouvel ordre de choses, s'étend plus particulièrement sur la masse des citoyens, la balance du législateur doit incliner de ce côté. Sans doute il pourra se trouver quelques intérêts froissés, c'est la suite naturelle de toute mesure générale. Mais où sera le mal, s'il doit y en avoir pour quelqu'un? Du côté des riches et de la bien petite minorité; encore ce petit mal n'a-t-il d'autre but que de leur en éviter un plus grand... Donc, c'est un bien relatif pour ceux-là même qui auront à le supporter.

Les colonies, véritables satellites de leur métropole dans

l'ordre administratif, ont obéi paisiblement à l'impulsion qu'elles en recevaient, tant que les attractions morales qui les entraînaient sont demeurées les mêmes. Mais la révolution des idées qui a suivi celle des hommes et des choses dans notre France, a dû produire et a produit une perturbation dans ces causes d'harmonie, et le premier effet de la loi des résistances a été la séparation des colonies de leur puissance dominatrice. Saint-Domingue, assez forte pour se créer un centre de rotation indépendant, est restée en dehors du mouvement commun. Les autres points, trop faibles pour jouir du même privilége, sont rentrés dans l'obéissance matérielle après une courte interruption; c'est de là que date ce pénible tiraillement qui les rend si difficiles à gouverner, parce que les sympathies sont rompues, les intérêts d'opinions cessant d'être les mêmes dès que les prédominances européennes ont pris une tendance prononcée pour l'abolition de l'esclavage, tandis que celles des colons influents sont demeurées fermes pour le *statu quo*, quand la généralité du peuple, répondant aux acclamations de la mère-patrie, appelle la liberté de tous ses vœux. Il y a défiance, inimitié entre le créole blanc et l'européen; et tous les subterfuges de la ruse et du mensonge, seules armes du faible contre le fort, sont employés par le parti qui veut à tout prix conserver ses esclaves et ses prérogatives. Mais lorsqu'on vient à penser que ce parti ne représente pas la dixième portion de la population coloniale, il est permis d'envisager sérieusement le seul remède curatif en pareil cas. Les bases sur lesquelles nous concevons l'émancipation des esclaves doivent être larges, et renfermer, autant que possible, les germes d'un bel avenir. Dès lors, il devient indispensable de purger le corps social des éléments immiscibles qu'il contient aujourd'hui, parce qu'il est démontré que, dans la campagne surtout, ils sont et seront toujours incompatibles avec le régime de la liberté générale. N'est-il pas temps que les bourdons quittent la ruche, et laissent un peu de miel aux abeilles ouvrières?...

Mais, pour être contraires à l'égalité sociale et à la juste pondération de la propriété dans les colonies, les droits acquis des anciens colons ne seront point méconnus dans notre hypothèse, et la liberté ne saurait être violée à leur égard au moment où, déployant ses ailes protectrices jusque sur leurs esclaves, elle fera luire pour tous l'auréole de la régénération.

Le but que nous nous proposons par l'abolition de l'esclavage, est de conserver. Or, pour qu'elle soit un véritable bienfait, c'est sous la bannière de l'ordre qu'elle doit marcher, et non pas au bruit des fanfares... Profitons du calme qui nous environne pour ajouter cette belle pierre à l'édifice de la civilisation. Demain il sera peut-être trop tard... et la France aura perdu la gloire d'y inscrire son nom. Si déjà l'Angleterre a pris l'honneur de l'initiative dans la solution de cette grande question, elle nous a laissé du moins celui de faire mieux. Tâchons de l'obtenir... C'est une noble émulation entre deux nations puissantes, que celle qui tourne ainsi au profit de l'humanité.

Il faut pourtant convenir que, même en faisant un acte de philanthropie, les gouvernements manqueraient essentiellement à leurs hautes attributions, s'ils lui sacrifiaient inconsidérément et leur politique et leurs intérêts commerciaux. Aussi reconnaît-on dans l'émancipation pure et simple des colonies de la Grande-Bretagne, d'un côté l'influence de sa compagnie des Indes, qui veut frapper de nullité les produits qui lui font concurrence sur les marchés européens, et de l'autre, des vues profondes qui peuvent faire pressentir l'arrière pensée du monopole futur des denrées coloniales, que ses vastes établissements d'Orient lui permettront tôt ou tard d'exercer exclusivement, si l'émancipation que rien ne peut plus arrêter nulle part, avait partout les mêmes résultats... Il suit de là, jusqu'à présent néanmoins, que le commerce particulier de l'Angleterre, qui subit déjà l'avant goût de ce monopole, se plaint amèrement; que les colons anglais, irrités d'une mesure qui les immole à la rivalité des Grandes-Indes, sont près, sur plusieurs points, à secouer le joug de leur métropole, et que la philanthropie n'a pas atteint complétement son but à l'égard des esclaves, puisqu'en les rachetant de la domination des hommes, l'on n'a fait que les replacer sous celle de la nécessité. (Voir note première, à la fin.)

D'autres besoins, des combinaisons différentes et des intérêts contraires semblent devoir appeler la France à faire des concessions plus étendues à la cause de l'humanité. Par exemple, le partage des terres aux nouveaux affranchis nous paraît être le corollaire obligé de l'abolition de l'esclavage dans nos possessions d'outre-mer; car, si la liberté générale y augmente le nombre des citoyens, ce n'est que par la propriété qu'ils acquièrent un intérêt direct à la conservation du pays, et peuvent donner, sous cet important rapport, les garanties nécessaires à la métropole; c'est par elle encore que cette liberté cessera d'être pour eux une vaine illusion, et pour notre commerce une ruine; c'est elle qui leur servira d'égide contre la hideuse misère, vaincra leur paresse naturelle par l'appât du gain, leur donnera l'amour de l'ordre, sans lequel il n'est point de félicité possible pour les sociétés, et nous sauvera du monopole étranger en conservant aux colonies leur faculté productive; c'est par elle enfin qu'on en fera des hommes, tandis que la liberté toute seule n'en ferait que des gueux toujours prêts à la révolte et au pillage.

Nous dirons bientôt comment il nous semblerait possible d'opérer ce partage progressivement, sans blesser l'équité à l'égard des anciens propriétaires, ni surcharger le trésor. Éclairons d'abord le développement de notre opinion par un coup-d'œil rapide sur la manière dont les esclaves entendent la liberté et leur aptitude à cet état, la disposition d'esprit des créoles en général sur ce point, particulièrement à la Martinique, et les résultats de ce qui a été fait jusqu'ici pour changer ou modifier quelques-unes de leurs institutions dans cette colonie.

Le nègre est essentiellement paresseux; il se nourrit d'aliments grossiers que la terre lui donne à si peu de frais, que le travail de deux jours lui suffit le plus souvent pour vivre une décade. Cela est vrai à la lettre, et personne n'en doute. Mais ce qui ne l'est pas moins, c'est qu'autant son estomac est facile à satisfaire, autant sa vanité l'est peu. Tout ce qu'il peut prendre, obtenir ou gagner y passe; car, pour lui, tous les moyens sont bons; c'est encore une des tristes conséquences de sa misérable condition. Et, si l'on voulait apprécier l'aisance des esclaves par ce qu'ils font vendre aux marchands, l'on serait tenté de les croire beaucoup plus riches que les blancs. Cette vanité qui, prise individuellement, est au moins un travers, tourne cependant tout entière au profit de la société : 1° en ce qu'elle agit puissamment contre un vice pernicieux, et les force à s'occuper ; 2° en ce qu'elle est favorable au commerce et à l'industrie, parce qu'elle étend la consommation. En effet, il importe peu au fond de la question que les nègres travaillent pour manger ou pour se chamarrer d'ornements et de bijoux, se vêtir de beaux habits, etc. ; dès qu'ils ne demeurent pas oisifs, le but est rempli. Et l'argument de ceux qui soutiennent que la paresse naturelle des esclaves est un obstacle à leur prospérité dans l'état de liberté, reste sans force, du moment qu'on est contraint par le fait à reconnaître, dans leur caractère même, un moteur assez puissant pour les attacher au travail sans le secours de la chaîne et du fouet.

Il y a plus, c'est que l'amour du nègre pour la liberté peut être considéré comme un effet de son extrême vanité, que l'esclavage humilie sans cesse. Son corps s'endurcit aux coups ; il méprise la douleur, et fatigue, par sa froide impassibilité, le bourreau qui s'étonne de ne pouvoir lui arracher une larme, un cri, par le plus cruel châtiment. Mais sa fierté se révolte intérieurement ; il concentre sa fureur, médite sa vengeance, et son silence est la leçon de ses tyrans !!... C'est encore la vanité qui l'empêche généralement de se louer au planteur pour cultiver la terre en atelier, dès qu'il est porteur de son titre de manumission ; il veut jouir de son indépendance jusque dans le travail ; il en a soif ; il en est fier et jaloux comme d'une maîtresse ; il a besoin de la retrouver partout, et même de la montrer aux passants... ; il bêche, s'assied, se lève, dort ou mange sans l'ordre d'un chef. Il est son maître enfin... Oh, que son sort serait beau s'il pouvait avoir en propre seulement un arpent de terre !... C'est là pour le moment son unique ambition. Tout commence par un...

L'esclave ignore que le droit romain le définit comme ne pouvant rien posséder en propre. Mais un instinct secret semble l'en avertir, et la possession n'a tant de charmes pour lui, que parce qu'elle est à ses yeux le type matériel de l'état après lequel il soupire, et flatte ainsi doublement sa vanité ; il est fait homme par la liberté, en rentrant dans le droit naturel, et citoyen par la propriété. C'est dans ce sens qu'il entend être libre. Qu'est-ce, après tout, que la liberté sans la propriété ou son équivalent ? Un bien dont l'usufruit appartient aux riches, et que le pauvre perd avec la vie sans en avoir joui dans ce monde...

La philanthropie n'aura donc fait que la moitié de son œuvre à l'égard des esclaves, tant qu'elle ne leur aura procuré que la nue-propriété de la liberté, à l'instar du bill anglais, ou, comme cela se pratique maintenant dans nos colonies, en vertu de l'ordonnance du 12 juillet 1832.

Néanmoins, ce dernier mode d'affranchissement partiel, d'ailleurs très économique, a dû séduire au premier aperçu ; il a même son utilité en cela qu'il tend à réduire le nombre des esclaves proprement dits à son chiffre réel. Mais, si l'on veut bien ne pas perdre de vue que, dans les colonies, l'esclave n'est qu'une *chose*, et que cette chose a nécessairement cela de commun avec toutes celles qui peuvent faire l'objet de spéculations, qu'elle augmente de prix en raison directe de sa rareté et du besoin qu'on en a, l'on conviendra que le sort de l'ordonnance précitée est de perdre toute sa vertu, aussitôt la disparition des causes qui lui ont valu les étonnants résultats qu'elle a pu présenter au moment de sa promulgation ; résultats qui, depuis lors, ont toujours décru, et sont presque nuls maintenant. Or, tous les colons savent que ces causes ont été la conséquence naturelle des rigueurs du système antérieur qui, refusant de reconnaître l'affranchissement légal, même les libertés étrangères, et jusqu'à celles données, au nom de la France, par les généraux de la république, forçait ainsi les maîtres à recourir au patronage de leurs amis en faveur des sujets qu'ils désiraient rendre libres, soit qu'ils craignissent d'être surpris par la mort ou par leurs héritiers, etc. Cela durait depuis long-temps, et a dû produire l'encombrement qui nous a valu tout d'un coup cette énorme quantité de libertés officielles, qui ne s'appliquent, pour la plupart, qu'à des *libres de fait* (voir les listes publiées par le Journal officiel de la Martinique), que l'on nommait improprement *libres de savane*. Mais ce torrent, grossi par les obstacles, qui nous a inondés dès qu'on a rompu ses digues, est rentré dans son lit, et serait bientôt tari, s'il n'était alimenté par une source impure, véritable origine des tribulations qu'éprouvent aujourd'hui les colonies à esclaves. Le sexe, l'âge et les teintes variées de la presque totalité de ces affranchis expliquent assez les causes de tant de libérations, dans un temps où tous les habitants manquent de bras. Ce ne sont pas des nègres fidèles, laborieux, bons cultivateurs, que l'on propose à l'affranchissement; non, Messieurs, l'on a trop grand besoin d'eux; ce sont de misérables concubines, des enfants du hasard, ou quelques impotents devenus à charge, etc. (Voir note 2), tandis que le pauvre nègre de houe reste enchaîné dans l'atelier pour prix de son travail et de son utilité! Rien n'est changé pour lui; le terme de sa captivité est toujours indéfini. Le bienfait de la loi, qui tend à favoriser les affranchissements, paralysé par la volonté arbitraire du maître qu'enrichit sa sueur, ne l'atteindra jamais!!...

Voilà donc une mesure dont le but paraît manqué. C'est que la question qui nous occupe n'est pas de celles qui peuvent se résoudre par un *mezzo-termine*...

Sera-t-on plus heureux dans l'application du système représentatif aux colonies? Son action naturelle semblerait devoir être là, comme en France, l'aptitude pour tous, *sans distinction*, à jouir des faveurs que dispense l'urne électorale, à la seule condition du cens d'éligibilité. Eh bien! cherchez un seul homme de couleur parmi les conseillers coloniaux, à la Martinique, par exemple; vous n'en trouverez pas, vous n'en verrez jamais, tant que l'aristocratie coloniale y fera les honneurs du banquet constitutionnel... Eh! comment cela serait-il autrement? Ne s'empare-t-elle pas de tout? N'est-elle pas en possession du pouvoir? Ne jouit-elle pas exclusivement de toutes les préférences depuis un temps immémorial? Ne sait-elle pas annihiler au besoin, par sa force d'inertie, les meilleures institutions, quand elles ne s'accordent pas avec ses principes de déception, et faire tourner à son profit celles qui peuvent augmenter sa puissance et son crédit? Le moyen d'empêcher la majorité de ressortir d'une minorité aussi compacte. Après cela, balancez, si vous le pouvez, le vote général, de manière à ce qu'il devienne l'expression du vœu public... Nous oserions presque vous en défier avec les éléments qui composent le corps social aux colonies. La participation de la couleur étonnée de son ovation, encore et pour long-temps humble et soumise en présence de ses altiers seigneurs, n'est, en réalité, qu'une ingénieuse fiction. Ce n'est pas que cette classe manque de gens qui possèdent le cens électoral et d'éligibilité, joint à l'instruction nécessaire pour faire des conseillers coloniaux de la force de tant d'autres... Mais elle n'a ni assez de poids dans les colléges pour triompher de l'opposition systématique de ses antagonistes, ni assez de caractère et d'assurance pour déjouer leurs intrigues. C'est une barre de fer doux qui reste ployée sous le poids qui la comprime, mais dont la réaction peut devenir terrible, si jamais elle est trempée dans le sang...

Ainsi, notre vieille aristocratie champêtre, qui se crut morte et enterrée par la promulgation de la loi organique, du 24 avril 1833, est sortie de ses cendres plus forte que jamais ; et cette loi, protectrice des droits de tous, est devenue, entre ses mains, le palladium de la coterie privilégiée.

Qu'est-ce donc, enfin, que cette phalange malencontreuse qui se place toujours entre le pays et le bien qu'on veut lui faire; dont les intérêts, les préjugés et les animosités personnelles passent avant tout; qui subjugue, méprise et avilit tout ce qui n'est pas elle ?... Est-ce à sa force numérique qu'elle doit sa prépondérance ? mais elle est, dans cette île, avec le reste de la population, dans le rapport de un à dix. Ce sera, sans doute, à la noblesse de son origine ? la preuve n'en est pas toujours facile, malgré l'éclat des noms... A sa vaste fortune ? il ne lui en restera guère que le souvenir après ses comptes réglés... Rien de tout cela, Messieurs ; c'est à la blancheur de sa peau !... Vous ne vous en seriez peut-être pas doutés ! Cette peau, qui ne saurait rien ajouter au mérite de qui que ce soit en France, quelque belle qu'elle y puisse être d'ailleurs, acquiert, aux colonies, la puissance d'un talisman pour quiconque en est revêtu. Et, ce qu'il y a de plus remarquable encore, c'est que, bien qu'elle s'altère plus ou moins sous les tropiques, soit par le soleil, soit par certains accidents que cet astre n'éclaire pas toujours..., plus cette précieuse enveloppe date de loin à Madiana, dans la ligne féminine, s'entend, plus elle donne de considération au porteur, fût-elle tannée en basanne. Or, ce sont toutes ces peaux privilégiées, dont la plupart pourraient bien se comparer à des outres pleines de vent, qui font ici le calme, tant qu'on les flatte, ou la tempête, dès qu'on les pique; cousues, pour ainsi dire, les unes aux autres, elles constituent le personnel de l'aristocratie coloniale, ou, ce qui revient au même, l'aristocratie de la peau ! !

Quelque dénomination, quelques combinaisons que l'on donne à la législature coloniale, cet élément y surnagera toujours, tant qu'il subsistera dans les colonies. Partant, nul espoir d'y rien améliorer, *en fait*, dans la condition des libres et des esclaves sans son extraction; parce qu'il est de son essence de n'exploiter le pouvoir qu'au profit de ses préjugés, dont l'habitude a fait pour lui une seconde nature.

A Dieu ne plaise que, tout en signalant un abus que le long usage a, pour ainsi dire, transformé en droit, nous prétendions manquer au respect dû à l'opinion vis-à-vis ces nobles seigneurs. Nous serions, au contraire, disposés à accueillir, comme une sorte d'héroisme de leur part, ce qui ne nous paraît encore qu'une funeste opiniâtreté, si, ne pouvant absolument changer de principes, l'aristocratie cutanée se déterminait au moins à changer de lieux.... Car, si nous blâmons de toutes nos forces le plus absurde des préjugés, nous plaignons sincèrement ceux qui en sont atteints. Mais aux grands maux les grands remèdes; ceci est une maladie morale, endémique pour les colons blancs, devenue incurable par la chronicité; une véritable aberration sociale, qu'il faut détruire à tout prix, pour sauver les colonies.

Si l'on veut considérer l'influence pernicieuse de l'aristocratie blanche par rapport à ses effets sur les destinées du pays, cette assertion prend une nouvelle force; car l'on voit qu'une malheureuse fatalité semble l'avoir constamment poussée vers sa ruine, par sa résistance opiniâtre à toutes les mesures d'amélioration, proposées par la métropole. Un seul fait, dont la cause est toute personnelle et la portée immense, suffira pour asseoir l'opinion à cet égard.

Pourquoi la saisie réelle a-t-elle été rejetée du code civil par la ci-devant cour suprême, devenue conseil souverain, puis conseil supérieur, puis aujourd'hui cour royale de la Martinique? C'est que les membres de ce parlement au petit pied, étant tous créoles, propriétaires et plus ou moins endettés, craignirent, avec raison, de donner contre eux-mêmes des armes à leurs créanciers....

Qu'est-il advenu de là? C'est que le commerce, principal créancier de la propriété rurale, dont ces messieurs étaient les principaux détenteurs, se voyant privé du seul moyen efficace qu'il pût avoir pour rentrer dans ses fonds, fit valoir, comme une conséquence forcée de ce rejet, toute l'injustice qu'il y aurait eue à admettre le code de commerce avec toutes ses rigueurs, contre des négociants auxquels il n'était pas possible de se faire payer, même de leurs juges, et le code de commerce fut rejeté!!

Que s'ensuivit-il? C'est que les habitants, loin de payer leurs dettes, ne songèrent plus qu'à les augmenter... Que les négociants, embarrassés dans leurs affaires, menacés d'une ruine certaine par ce système de démoralisation, suivirent le torrent, et se firent habitants pour se soustraire à leur tour aux poursuites de leurs propres créditeurs, auxquels ils ne pouvaient plus offrir en paiement que les obligations sans valeur qu'ils avaient reçues en échange de leurs avances en argent et marchandises. Leur discrédit même devint pour eux un moyen d'opérer ces transactions désastreuses, et ils purent les imposer de leur manoir étroit, parce que l'habitation est restée inexpugnable à la justice...

Quelles sont les conséquences de tout cela? C'est que la dette coloniale est devenue monstrueuse, c'est que le crédit est mort avec la confiance, et que la misère publique est presque aussi réelle que la mauvaise foi. C'est que.... c'est que si les bonnes lois font les bonnes mœurs, ce sont les bonnes mœurs qui font ou accueillent les bonnes lois. Voilà pourquoi le conseil supérieur n'a pas accueilli la saisie réelle...

Ces graves inconvénients ont été entrevus par le gouvernement métropolitain, qui voulut y porter remède lorsqu'il était encore temps, et négligea probablement de remonter à leur cause, car il n'y avait qu'un moyen pour cela : c'était, lors de l'organisation des cours royales, d'envoyer aux colonies des juges européens, qui, n'y ayant ni propriétés ni parents, n'auraient eu rien à craindre de l'expropriation pour eux ou pour les leurs, et eussent agi en toute liberté de conscience.

Mais il fallait nettoyer à fond les écuries d'Augias... et l'on a trouvé plus commode de laisser les créoles en place, et de leur octroyer un traitement que l'on eût pu donner à des juges éclairés et sans passions...

De sorte qu'il n'y a eu de changé que les dénominations. Or, les mêmes causes devant nécessairement produire des effets semblables, ces messieurs, persistant dans leurs principes, sont parvenus à se soustraire, par l'ajournement, à la saisie réelle qu'on voulait imposer au pays, lequel est enfin réduit maintenant à un tel état de pauvreté, que l'argument le plus positif à opposer en fait contre l'expropriation, serait l'impossibilité de se procurer des acheteurs au comptant.

Tels sont les fruits de la profonde sagesse de ces hauts et puissants seigneurs, qui se vantaient jadis avec tant d'orgueil de faire *gratis* les affaires du pays!!!

Un mot sur la fusion. Certes si quelque chose a dû paraître propre à l'amener naturellement, c'est sans contredit l'application aux colonies du système électoral; et, l'on ne saurait méconnaître à cet égard l'intention des hommes de bien auxquels nous devons cette excellente institution. Mais hélas! tout porte à croire que l'on n'atteindra jamais ce résultat. Deux causes inhérentes aux localités, incessantes, indestructibles en elles-mêmes, lui opposeront toujours une barrière insurmontable : nous voulons dire le préjugé des blancs contre la couleur, et la haine réciproque qu'il établit entre ces deux castes. La loi donne bien maintenant, aux gens de couleur, les droits civils, civiques et politiques, et par conséquent l'égalité de droit avec les blancs. Mais elle s'arrête là. Il est hors de son pouvoir de leur accorder celle de fait. Le temps seul pourrait l'amener, si le temps pouvait quelque chose sur l'obstination des têtes créoles (note 3). C'est cependant celle-là qu'ils veulent, parce qu'elle seule peut flatter leur amour-propre autant qu'elle blesserait celui des colons blancs; et, comme les vanités sont égales de part et d'autre, elles s'irritent et se choquent mutuellement dans ce contact inaccoutumé. Mais l'arrogance du blanc repousse les avances du pauvre mulâtre avec le plus insultant mépris, et ne néglige rien pour lui faire sentir, dans toutes les occasions, sa prétendue infériorité. Ce sont des offenses orales ou tacites de tous les jours de tous les instants, dont il est constamment abreuvé, et qui lui sont présentées sous toutes les formes... De là les rixes et les collisions (note 4). Des balles s'échangent de temps à autre, du sang est versé pour venger des affronts toujours renaissants. Mais peut-il y en avoir jamais assez pour assouvir ces éternelles et profondes inimitiés !! Ne cherchons point ailleurs la cause des soulèvements et des désordres qui affligent si souvent ce malheureux pays, et qui ne sont au surplus que le prélude du massacre des blancs que leur minorité fera tôt ou tard succomber sous le nombre de leurs ennemis dès qu'ils voudront se compter et attaquer sérieusement.

D'un autre côté, si la classe de couleur est séparée de celle des esclaves par la liberté, l'on ne saurait disconvenir qu'elle s'y rattache fortement par les liens du sang, les sympathies d'opinions, de caractère et d'habitudes; et que ses démêlés avec les blancs semblent propres à l'en rapprocher de plus en plus. Il ne faudrait qu'un mot du gouvernement pour opérer la fusion la plus complète entre ces deux classes déjà si près l'une de l'autre. Ce mot tant désiré ferait jaillir, dans toutes les colonies françaises, plus de deux cent mille citoyens dont la liberté doublerait l'activité, ferait éclore l'industrie, et tournerait ainsi au profit du commerce et de la production. Mais quel serait le rôle des blancs dans cette occurrence? S'il est démontré que leur fusion avec la couleur, même telle qu'elle est aujourd'hui, est reconnue impraticable, où en serions-nous s'il fallait la faire avec l'émancipation? Chagrins, au milieu de ce concert de joie et d'union, pourraient-ils même demeurer étrangers à cette grande péripétie, et surmonter la funeste tentation d'une inutile et coupable résistance?... Écrasés sous le poids de leur énorme dette, seuls vis-à-vis de tous, embarrassés de propriétés qui leur resteraient en pure perte, faute de moyens pour les faire valoir, ils deviendraient plus que jamais incommodes à la communauté et insuffisants pour eux-mêmes. La place ne serait plus tenable pour les anciens habitants; car aussi bien cette masse d'affranchis ne saurait demeurer oisive sans le plus grand danger pour le corps social dont elle serait appelée à faire partie. Il lui faut du travail à tout prix, et la terre seule peut lui en donner.. Mais avant tout il faut lui donner la terre. Or, toutes les terres de produit sont au pouvoir des propriétaires actuels. Irait-on percher ces nouveaux sujets sur les plateaux des îles encore à concéder? Là, le sol humide et froid, constamment lessivé par d'éternelles pluies, est tellement appauvri qu'il n'y croît rien pour la nourriture de l'homme. Admettons néanmoins qu'à force de travail, ils parviennent à y naturaliser quelques vivres grossiers et qu'ils s'y trouvent bien par la liberté qui console de tout... Où prendra-t-on des bras pour exploiter les habitations du littoral déjà toutes formées? les sucreries par exemple qui en exigent tant?... car il faut repousser comme un mauvais rêve la pensée de se recruter en Europe, quoiqu'en aient dit Bernardin de Saint-Pierre et tant d'autres après lui. Telle est du moins la seule conviction qui nous soit restée de toutes les tentatives de ce genre faites jusqu'ici.

Distinguons bien que nous n'entendons parler ici que des terres et usines rurales, et par conséquent des habitants de la campagne exclusivement. Parce qu'eux seuls, ainsi que nous l'avons déjà dit, nous paraissent un obstacle à la prospérité de nos colonies dans l'état de liberté; non seulement par les motifs déduits, mais encore parce que, dans cette conjoncture, leur impuissance à faire valoir l'immense propriété territoriale dont ils sont détenteurs, frapperait le sol de stérilité, réduirait la population à la misère, et compromettrait la tranquillité du pays. C'est donc en quelque sorte un déplacement pour cause d'utilité publique, que nous proposerions à leur égard; avec cette différence qu'il leur serait accordé un temps moral pour réclamer d'eux-mêmes, jusqu'à l'époque fixée, le bénéfice de la mesure.

Les habitants des villes et bourgs au contraire, exerçant presque tous par eux-mêmes une modeste industrie ou un commerce lucratif, mais vivifiant pour tout le corps social, remplissent utilement l'espace qu'exige le cercle de leurs opérations, et ne sauraient être remplacés par des hommes qui n'ont ni capitaux, ni expérience dans les affaires. Ils font une exception d'autant plus tranchée dans l'hypothèse que nous soutenons, que, loin d'avoir aucun dommage à redouter de l'émancipation telle que nous l'entendons, elle ne peut que leur être profitable par l'augmentation des consommateurs aisés qui en doit être la conséquence naturelle. D'un autre côté, l'appréciation de leurs propriétés urbaines restant la même, ou à peu près, ils ne peuvent entrer en ligne de compte dans l'indemnité, que pour la valeur de leurs esclaves citadins.

Mais il n'en est pas de même des domaines ruraux, dont l'évaluation, toute subordonnée à l'importance numérique des ateliers d'esclaves qui les exploitent, devient complétement nulle dès qu'ils sont privés de ceux-ci. Quel parti prendre alors pour utiliser ces vastes étendues de terres, abandonnées aux reptiles faute de bras pour les exploiter, et servant néanmoins de prétexte à l'aristocratie blanche pour intervertir, par son droit de propriété, la faculté productive du pays?... Forcera-t-on des hommes libres à continuer le travail des esclaves moyennant un salaire? mais ils le mettront à un taux qui ne laissera que de la perte au planteur. Osera-t-on donner un maximum au prix de leur journée? mais il faudra toujours qu'on les paie exactement, autrement ils déserteront... Or, c'est ici la plus grave de toutes les objections... Avec quoi des habitants sans crédit, ruinés pour la plupart, et qui déclarent n'avoir jamais rien devant eux, pendant qu'ils recueillent gratis depuis longues années tout le travail de leurs esclaves...; avec quoi, disons-nous, pourront-ils faire à la terre les avances dont elle a besoin pour produire, lorsqu'il faudra joindre les frais de main d'œuvre aux éventualités et aux dépenses accoutumées de la faisance valoir, auxquelles ils ne peuvent déjà plus suffire disent-ils?... Il est telle colonie où il ne restera pas un propriétaire en position de soutenir un pareil état de choses après la retraite du petit nombre de ceux à fortune liquide, que l'émancipation, quelle que soit sa forme, ne manquera pas d'amener. Surtout si l'on observe avec raison qu'en supposant la moyenne du prix de la journée à 1 fr. 25 c. sec, qui serait le taux le plus bas possible, le fabricant ne ferait pas même le pair, quelque économie qu'il mette dans son administration. Le plus simple calcul peut démontrer cette assertion. (Voir note 5, Aperçu du budget d'une habitation de 40 journaliers nègres, au prix moyen ci-dessus).

Le pays demeurerait donc inculte et les ouvriers cultivateurs sans travail, parce que les détenteurs de la propriété sont sans argent, ou qu'ils ne trouveraient pas leur compte à l'exploitation!!... Une pareille proposition n'est pas soutenable. Ne nous lassons donc point de le répéter. L'emploi du sol est suffisamment indiqué par l'impossibilité où se trouveraient les blancs d'en tirer parti, par l'intérêt bien entendu des colonies et de leur métropole; il dérive naturellement du principe même qui nous conduit à l'émancipation. Il faut que, légalement réparti entre les affranchis, il devienne dans leurs mains une garantie d'ordre et de prospérité pour le nouveau régime colonial, ou qu'ils finissent tôt ou tard par l'envahir de vive force et lèguent ainsi au gouvernement qui aurait reculé devant l'adoption d'une mesure de sage prévoyance, la solidarité des désastres toujours inséparables d'une levée de boucliers qui entraînerait indubitablement, entr'autres calamités, l'incendie et la destruction des bâtiments et usines des fabriques à sucre, etc., etc...

Or, ce sont ces établissements qui font la richesse productive de nos colonies, puisque sans eux on serait réduit à n'y cultiver que quelques vivres qui ne sauraient devenir un objet de spéculation au dehors, ou des cafés que le sol refuse depuis long-temps. L'exemple d'Haïti prouve assez qu'une fois détruits ils ne seront jamais rétablis par les nègres, ne fût-ce qu'à cause des sommes prodigieuses qu'ils coûtent à construire. C'est donc à leur conservation, qui ne paraît être d'abord que d'une importance secondaire, que nous semble attaché l'avenir des colonies émancipées. Car c'est autour de ces usines que la main d'une administration paternelle pourra grouper sans effort des sociétés de cultivateurs nègres pour exploiter en participation un genre de culture et de fabrication qu'eux seuls peuvent opérer manuellement sous ces ardents climats, et dont la France ne peut plus se passer.

Les éléments de ces nouvelles sociétés agronomiques ne sont-ils pas là tout trouvés dans les ateliers déjà fixés sur les habitations; car ici, comme partout, les hommes tiennent à leurs habitudes et au lieu qui les a vu naître. Qu'en brisant le joug de fer qui les y tient enchaînés maintenant, l'on attache leur volonté par le double lien de la famille et de la propriété, ils n'abandonneront point ces hameaux, ces grands villages que forme la réunion de leurs cases et qui recèlent leurs plus douces affections, pour se répandre dans le pays et y semer le désordre. Chaque famille cultivera paisiblement son champ et ne s'occupera que des espérances de la récolte prochaine.

Qu'il nous soit permis, à cette occasion, de vous soumettre l'ébauche imparfaite du plan d'association que nous aurions projeté pour notre propre habitation le cas échéant. Rien de plus simple à pratiquer; le voici :

MODE D'ASSOCIATION

POUR LES NÈGRES DES HABITATIONS SUCRERIES.

CHEF DE L'ÉTABLISSEMENT.

Le titre et les fonctions de directeur de la société seraient déférés de droit au commandeur sur chaque habitation; à son refus, l'emploi serait donné à un homme libre, agréé par l'atelier. Ce chef aurait qualité pour représenter la société, stipuler au besoin en son nom selon ses statuts, etc.

Dans les temps ordinaires, ses attributions se borneront à tenir les clefs des bâtiments, veiller à leur propreté et entretien locatif de même qu'à celui des usines, machines, instruments de fabrication et aratoires, qu'il serait en outre tenu de faire réparer utilement; comme à faire pacager, panser et soigner les animaux de travail, en santé de même qu'en maladie. Le tout à ses frais et risques.

A l'époque de la récolte, tout étant préparé par ses soins,

il dirigerait les roulaisons, indiquerait les cannes à couper, placerait chacun à son poste, et assurerait toutes les parties du service pour que rien ne souffre. Il pourvoirait à son compte à toutes les menues dépenses de fabrication, telles qu'éclairage, suif, chaux vive, etc.

Dans le cas où il deviendrait nécessaire de reconstruire tout ou partie d'un corps de bâtiments ou usines telles que moulin, équipage, etc.; ou de remplacer des animaux, instruments d'exploitation, fabrication, etc., le directeur de l'établissement en préviendrait ses coassociés, et les convoquerait en assemblée pour aviser au moyen d'y pourvoir en commun; soit par contribution, soit autrement.

Le directeur doit son temps à l'administration des intérêts de la société qui lui sont confiés, toutes les fois que le besoin l'exige. En récompense, il lui serait accordé pour tout salaire, un tiers des sucres et sirops fabriqués sur l'habitation; lequel serait prélevé en nature et lui serait livré, nonobstant toutes oppositions, avant la sortie desdites denrées de la purgerie, hormis cependant ceux provenant des plantations existantes lors de l'entrée en jouissance, sur lesquels il n'aura droit qu'au cinquième, ainsi qu'il sera expliqué plus bas.

S'il y avait malversation de la part du directeur, ou simplement négligence préjudiciable à la société, dans l'accomplissement de ses devoirs, la compagnie pourrait le destituer et procéder à son remplacement. Dans le premier cas, sa portion de terre et ses plantations répondront du dommage et l'affaire devra être vidée par les tribunaux ordinaires; dans le second, l'ex-directeur deviendra simple actionnaire par la seule volonté de ses coassociés, exprimée à la pluralité des voix : la moitié plus une l'établira. Ce qui au surplus ne pourra se faire sans l'avis préalable de l'inspecteur de culture dont il est parlé ci-après.

Le directeur habiterait la grand'case tant qu'il serait maintenu dans ses fonctions.

En cas de décès d'un directeur d'habitation, le gouvernement local pourvoirait immédiatement à son remplacement, s'il n'y était statué utilement par la société; toujours avec le concours dudit inspecteur.

RÉPARTITION DU FONDS

Les bâtiments et usines restent indivis et appartiennent à la société en corps collectif ainsi que les terres ci-après désignées. Ils ne peuvent être affectés qu'à la fabrication des sucres de la communauté.

Prélèvement fait 1° de leur emplacement, y compris le rayon d'enceinte pour la liberté de l'exploitation, 2° d'une quantité de savanes proportionnée au nombre et à l'espèce des animaux nécessaires pour le service du domaine, dans le rapport d'un hectare au plus par tête de bête ; les terres de chaque habitation délaissée seront partagées, par égales portions, entre tous les esclaves présents figurant sur leur dénombrement, sans distinction d'âge ni de sexe, dans le rapport d'un hectare par sujet, selon la proportion existante entre leur nombre et la surface du sol. S'il y a insuffisance ou excédant de terre, il sera ultérieurement statué sur la différence.

Le directeur sera incontinent mis en possession des bâtiments et usines, au nom et pour compte de la société, ainsi que de la grand'case, de ses servitudes, des savanes, etc.

Chaque nouvel affranchi sera également établi sur son lot, qui sera sa propriété tant qu'il remplira les conditions voulues.

Toutes ces parcelles sont mutuellement grevées les unes vis-à-vis des autres, des servitudes obligées par rapport à l'usine commune, aux chemins de sortie, à l'eau, etc.

BESTIAUX ET MATÉRIEL D'EXPLOITATION.

Ici notre nouvelle société va se trouver forcée de faire comme tant d'autres, cela est inévitable. Il faut s'endetter en débutant... car elle ne peut se passer de bœufs, de mulets, cabrouets, instruments de fabrication, etc.; et certes il est permis de penser qu'elle n'a pas le premier sou pour faire toutes ces acquisitions. Cependant, le propriétaire cédant, qui est souvent muni en excès de toutes ces choses, qu'en fera-t-il? S'il les met à l'encan, elles seront données à vil prix, beaucoup même ne trouveront pas d'acquéreurs. Ne serait-il pas aussi avantageux pour lui, de les vendre de gré à gré aux preneurs, qu'il pourrait l'être à ceux-ci de les lui acheter? Sans doute. Mais avec quoi les payer? Eh bien! messieurs, accordez-vous sur le prix et nous allons tâcher de vous tirer d'embarras. Pour qu'il ne reste pas au moins une ou deux récoltes passables à faire sur l'habitation au moment de sa cession, ne fût-ce qu'en rejetons, il faudrait que l'ancien planteur eût poussé le désir de nuire à ses successeurs, jusqu'à se faire tort à lui-même, pendant les dernières années de son administration, supposition insoutenable du moment que l'abandon a lieu volontairement, mais à laquelle la loi pourvoira néanmoins. Ainsi l'on ne peut refuser d'admettre que les concessionnaires trouveront là de quoi payer, souvent dès la première année, tous les accessoires indispensables à leur établissement. Cela posé, il ne reste plus aux intéressés qu'à dresser à l'amiable leur inventaire estimatif et à s'entendre sur les termes et conditions du paiement. La voie la plus commode, selon nous, pour le créancier comme pour le débiteur, et sans doute celle à laquelle on s'arrêtera, serait le versement en nature, au fur et à mesure de leur fabrication, des sucres et sirops provenant des plantations laissées sur l'habitation, à concurrence des trois cinquièmes jusqu'à final paiement; avec droit au créancier d'avoir un agent sur l'habitation pendant la récolte, si mieux il n'aime y rester lui-même, pour s'assurer de l'exactitude de ses débiteurs, peser, jauger et recevoir les denrées à l'embarcadère au prix du cours, selon leur qualité, en donner quittance, etc. Il fera l'avance des boucauds et en retiendra le coût sur les prix de vente.

CULTURE.

Les plantations délaissées par le cédant, et qui répondent des engagements contractés envers lui, seront cultivées en commun par tous les membres de la société, sous la conduite du directeur, jusqu'à parfait paiement. Après quoi, chaque actionnaire dont le sol serait encore occupé, en tout ou en partie, par les rejetons provenant desdites plantations, aura la faculté de les entretenir si bon lui semble, et de les récolter pour son propre compte, comme s'il les avait mis en terre.

Tout actionnaire est tenu de cultiver son lot, au moins moitié en cannes bien entretenues, et le surplus en vivres. Il doit en outre alterner sa culture autant que possible, par la suite, de manière à ce que sa terre à vivres soit à son tour mise en cannes, *et vice versa*.

Les portions de mineurs incapables seront cultivées comme dessus par les soins de leurs tuteurs, qui seront responsables à leur égard. En cas de refus ou d'impuissance de ces derniers, lesdits lots seront affermés par le directeur pour compte des mineurs susdits, jusqu'à leur majorité ou émancipation.

L'abandon en jachère d'une parcelle concédée, quelle qu'elle soit, ou le refus d'y planter des cannes, entraînera, au bout de deux ans, la déshérence contre son propriétaire, de la même façon que pour celui qui viendrait à décéder sans héritiers.

Les cultivateurs ont conservé leurs houes et coutelas et doivent s'en fournir dorénavant.

FABRICATION.

A la Martinique, la récolte commence dès le mois de novembre, dans certains quartiers, attend jusqu'en février dans d'autres et finit généralement partout en août.

Commençons par celle des plantations de l'ancien propriétaire, car elles ont une destination que nous ne devons jamais oublier.

Les cases à bagasse sont pleines, le moulin graissé, l'équipage est en état, les cabrouets et les harnais des bêtes de somme sont préparés, etc. Tout a été prévu par le directeur; il indique le jour et la pièce de cannes où l'on doit commencer, désigne et met à l'ouvrage les coupeurs et amarreurs, donne l'élan aux chefs cabrouétiers et muletiers, commande les gens de quart pour le moulin, les chaudières et le fourneau. A sa voix tout s'anime, tout marche. Il a déposé pour toujours son terrible fouet et son bâton fourchu, mais il est accoutumé à commander comme les autres le sont à obéir; et, son pouvoir sur eux, pour n'être que moral, n'a rien perdu de son énergie, parce que le sentiment de l'intérêt privé à remplacé celui de la douleur physique à laquelle on s'était endurci. Déjà l'eau captive dans son étroit conduit, s'élance impétueusement et retombe en cascade. La roue s'ébranle, le moulin tourne et le roseau sucré s'écrase en pétillant. Bientôt le bac est plein de son suc écumeux; le feu va s'allumer et consommer l'œuvre de la saccharification. Le mouvement est partout en même temps et partout il est coordonné par celui sur lequel pivote l'ensemble de l'opération. S'il en est autrement, le but est manqué, et l'on peut, dans quelques jours d'un travail forcé, perdre non seulement son temps et sa peine, mais encore le fruit du labeur d'une année quand les choses vont par trop mal, par défaut d'ensemble. L'obéissance passive est donc aussi indispensable là que dans une action stratégique.

Vienne maintenant le tour de la fabrication des plantations particulières des divers membres de la société. L'opération sera faite de la même manière, toujours par le concours de tous. N'y eût-il que la parcelle d'un seul à récolter, si son temps est venu il faut la couper.

Celui qui refuserait de donner la main à la fabrication des cannes de ses coassociés, perdrait le droit d'exiger d'eux le même service, et serait exposé à voir périr sa récolte sur pied. Les cas de maladie constatée, ou d'absence indispensable suffisamment motivée, pourront seuls autoriser l'exemption de participer à une roulaison.

Dans les quartiers humides, où la bagasse n'est pas toujours suffisante pour cuire le sucre, tout le monde doit se prêter à faire de la paille ou des bambous pour y suppléer; parce que sans chauffage, il n'y a point de fabrication possible. Il en sera de même pour l'entretien ou l'ouverture des chemins d'exploitation, également indispensable.

Les sucres seront mis à l'égout dans la purgerie à mesure qu'ils seront fabriqués; chacun reconnaîtra ceux provenant de sa terre, et fournira des fûts pour loger sa portion lors de l'enlèvement, aussi bien que des sirops.

PARTAGES ET CHARROIS.

Les trois cinquièmes des sucres et sirops provenant des cannes de l'ex-planteur, lui seront livrés, comme il a été dit plus haut, en extinction de son dû, jusqu'à parfait paiement, et devront être transportés à l'embarcadère aussitôt l'égoutage, par les soins de la société, qui fournira, à tour de rôle, pour ce travail, deux hommes par cabrouet, sans exception d'âge ni de sexe.

Un cinquième appartiendra au directeur.

Enfin le dernier cinquième, sera partagé en nature entre tous les membres de la société, hors le directeur. Les parts des mineurs seront versées aux père, mère, tuteur ou tutrice, etc.

Quant aux produits en sucres et sirops des cannes cultivées par les planteurs, il reviendront, pour les deux tiers, à ceux-ci qui les enlèveront de même après l'égout et les transporteront, soit par eux-mêmes, soit à leurs frais, au bourg ou à l'embarcadère, avec les cabrouets, bœufs ou mulets, pirogues, etc., de l'habitation, pour en disposer comme bon leur semblera.

L'autre tiers appartiendra au directeur de l'établissement, et constituera son traitement, ainsi que nous l'avons dit; il aura, pour les moyens de transport le même privilége que ses co-associés, et sera comme eux tenu de loger sa part.

Les attributions, les droits et les devoirs de chacun étant ainsi réglés par l'acte de société qui serait dressé au moment de la répartition et de la prise de possession des terres et usines de chaque habitation, l'on pourrait, en toute sûreté, s'en remettre à l'intérêt particulier du soin de faire prospérer la communauté. Et le succès de ces associations serait d'autant plus assuré, qu'elles laissent chacun dans ses habitudes et sa spécialité. Car ce sont les mêmes hommes qui fabriquent le sucre, le rhum, conduisent et exécutent les travaux de la culture, pendant que le blanc, paresseux, indolent, ennemi de tout progrès, se balance nonchalamment dans son hamac. Il est tel habitant qui se vante de *faire* du sucre superbe, du rhum excellent, etc., qui, s'il venait à perdre son commandeur, son raffineur et son rhumier, sans pouvoir les remplacer par d'autres nègres, serait hors d'état de tirer parti par lui-même de sa récolte. Que font donc ces prétendus agriculteurs dans les colonies? Ils font battre à tort et à travers pour accélérer la besogne, dont le produit leur revient sans partage, ou pour gagner leurs appointements; ils font... beaucoup de choses que l'on n'ose pas dire... Ce qu'il y a de certain, c'est qu'une fois le régime changé, le pays n'a pas besoin d'eux, pour produire.

Que les concessions soient faites progressivement, avec ordre, et sous l'influence de l'autorité; que le gouvernement accorde ensuite à ces sortes d'entreprises la protection et les encouragements nécessaires à des compagnies naissantes, l'on ne tardera pas à s'apercevoir, par l'augmentation des produits, combien une industrie libre, dont les bénéfices profitent à tous, est supérieure dans tous les pays à celle qui n'enrichit qu'un homme de la sueur de plusieurs. N'est-il pas démontré par l'expérience que le nègre ne travaille jamais plus que lorsqu'il est à ses pièces et sur sa propriété. Or, s'il valait deux et demi ou trois milliers de sucre à son maître, étant esclave ou journalier (c'est le taux moyen auquel on évalue le travail d'un esclave sucrier), il est bien prouvé qu'il s'en donnera au moins quatre, une fois libre et propriétaire, et qu'il trouvera encore le temps de cultiver des vivres pour lui et sa famille (note 6). Dès lors, il y a gain pour celui-là qui n'a pas de fausses dépenses, là où l'autre n'aurait que perte (voyez la note 5). Ajoutez à cela que les parts de mineurs devant être cultivées comme les autres, la production générale y gagnera tout ce que ces jeunes bras, encore inutiles dans l'état actuel des choses, feraient réellement s'ils étaient capables de travail. Plus la coopération d'une portion considérable des esclaves des villes et bourgs, nouvellement affranchis, des patronés et des anciens libres sans état, que l'absence de tous moyens d'existence et l'appât de la propriété ramèneraient insensiblement vers la culture, et naturellement du côté de celle de la canne à sucre, la plus lucrative de toutes ; vous n'aurez encore qu'une idée imparfaite de la vaste et rapide extension que peut acquérir l'industrie agricole dans les colonies, et de l'accroissement de sa production par l'application bien entendue de notre proposition.

Mais les effets et les causes s'enchaînent réciproquement. Or, de ce développement de la faculté productive du sol, naîtrait encore pour le fonds, une augmentation de valeur, qui partout est le signe irrévocable de la fortune publique, la base de la confiance et la garantie des transactions.

Le rare voyageur qu'attire la philanthropie dans ces régions lointaines y reconnaît à peine l'homme qu'on lui présente sous forme d'esclave ; son œil attristé ne voit en lui que misère et dégradation. S'il interroge les actes de naissance et de décès de ces infortunés et les compare avec ceux des libres de la même race, il remarque chez les premiers un décroissement effrayant, tandis que les autres se multiplient d'une manière sensible. Est-ce la nature outragée qui voudrait effacer ainsi cette tache honteuse du code des humains?... Elle le serait sans doute ici depuis long-temps par ce seul fait, si la hideuse traite n'eût pris soin de combler le déficit à mesure. Mais aujourd'hui qu'elle est enfin condamnée à l'inaction, n'est-ce que par l'extinction lente et douloureuse du peu qui nous reste de tant de malheureux sacrifiés à la cupidité, que l'ère de la liberté doit s'ouvrir dans les colonies? Mais à qui profiterait-elle alors?... et de quelle utilité pourrait jamais être à la France un sol dont elle aurait favorisé la dépopulation par le maintien d'un système qu'elle-même à déjà condamné à périr faute d'aliment, en admettant la suppression de la traite? Quel autre moyen lui reste-t-il encore après cela de recueillir les fruits de ce bel acte d'humanité, et d'en assurer l'exécution sans être forcée de recourir à la peine de mort contre ceux que l'appât du gain portera toujours à profiter du moindre relâchement de surveillance pour enfreindre la prohibition, tant qu'ils apercevront des chances de placement sur n'importe quel coin du globe ; si ce n'est la destruction absolue de la cause de cet infâme trafic, nonobstant les perfides doléances qui ne servent qu'à masquer le criminel espoir que nourrissent toujours certains colons anti-abolitionnistes, de le voir se raviver un jour par la contrebande; car, sans ce motif, il faudrait avoir perdu la raison pour ne pas apercevoir l'inévitable et complète ruine des colonies, dans le maintien du vieux système, isolé de tout moyen de recrutement. Mère adoptive des noirs, orphelins d'état social et de patrie, qu'un sort cruel a mis en son pouvoir, la métropole a tout à gagner en en faisant des hommes et des sujets, puisque c'est par eux seuls que ses terres tropicales peuvent conserver la fécondité qu'elles leur doivent déjà. Tandis que le mince parti qui réclame contre cette mesure salutaire, ne leur offre pour toute perspective qu'abandon et stérilité, dès qu'il sera privé de ces indispensables auxiliaires.

Ce n'est pas la concurrence des sucres de betterave qui tuera les colonies, comme semble l'appréhender le corps du commerce (voir la note 7); c'est le maintien de l'esclavage, dans les conditions où elles sont actuellement placées, qui tend évidemment à les ruiner de fond en comble par la dépopulation. La Martinique compte déjà plus de quarante sucreries complétement abandonnées faute de bras; le chiffre de la production, qui suit l'effectif des esclaves cultivateurs, s'y trouve réduit d'un sixième depuis que la contrebande sur la chair humaine ne s'y fait plus, ce qui ne date pas de bien loin..., et chaque jour l'émigration nous appauvrit de quelques sujets, etc., etc. Il ne faut donc pas être doué d'une bien grande sagacité pour prédire qu'avant quinze ans les îles à sucre ne figureront plus au budget de la métropole, que pour l'énorme dépense de leur entretien, parce que, s'il est constant que la traite est aux colonies, sous certains rapports, ce que le recrutement est à l'armée, supprimez l'un, vous anéantirez l'autre.

Sauver les débris en conservant la destination, voilà ce qu'il reste à faire dans l'état actuel de la question coloniale, pour être conséquent avec les précédents. Tel est aussi le but unique de notre proposition. Quant aux moyens, nous les croyons efficaces, et c'est dans cette conviction que nous venons vous les soumettre. Oh! tout nous dit que le régime de l'esclavage touche à sa fin; et, si nos vœux sont entendus, les voies indiquées pour assurer l'aisance et le bien-être de nos futurs prolétaires, contribueront nécessairement à favoriser la procréation parmi eux : car, si l'amour et le plaisir, ces doux enfants de la liberté, sont les agents de la Providence pour multiplier les générations sur la terre, c'est à la sagesse des lois à protéger la vie des sociétés en y fixant le bonheur, par la constante application de cet axiôme si connu : « Répartir sur le plus grand nombre la plus grande somme possible de félicité. »

Malgré les principes d'équité, auxquels cette délicate question de l'abolition de l'esclavage demeure soumise dans cet écrit, nous ne nous dissimulons pas qu'elle nous vaudra plus d'un contradicteur parmi messieurs les créoles, pour lesquels elle a toujours un aspect épouvantable, parce qu'elle ne se présente généralement à leur esprit qu'accompagnée du souvenir de toutes les horreurs de Saint-Domingue et de la crainte d'une ruine complète. Malheureusement, les précédents ne justifient que trop cette triste prévention. Aussi ne prétendons-nous point à l'honneur de les ranger d'abord de notre avis.

Quoiqu'il en soit, nous aurons le courage de poursuivre le développement de notre proposition, parce qu'elle est la sincère expression de nos convictions. Oui, Messieurs, l'émancipation des esclaves de la France ultramarine, est commandée par la force des choses ; il ne reste plus à briser que le lien physique pour en venir là. Nous ne craignons pas de le redire : car le premier anneau de la chaîne qui retient l'homme dans l'esclavage de son semblable, ne s'appuie que sur le moral ; c'est lui qui étouffe le sentiment de son indépendance et comprime sa volonté au point de lui faire tolérer sa condition, en substituant insensiblement dans son âme, la loi de l'habitude à celle de la nature. Mais que la voix de la liberté retentisse une fois à son oreille, il sortira bientôt de sa triste léthargie comme d'un pénible cauchemar, et vous le verrez s'agiter en tous sens, pour se débarrasser d'un poids qui l'opprime et l'assujettit malgré lui... Eh bien ! Messieurs, cette voix brûlante s'est fait entendre, le prestige a disparu. C'en est fait : la chaîne de nos esclaves est rompue dans sa base, dès que le pressentiment de leur indépendance future ne leur permet plus de voir dans leurs maîtres que de détestables tyrans, dans leurs devoirs qu'une insupportable contrainte. Or, si la philanthropie, en faisant luire à leurs yeux son talisman consolateur, n'avait ni le droit, ni la force de réaliser les espérances qu'elle leur a données, elle aurait semé gratuitement le trouble et la désolation, là où régnait du moins la résignation, avant l'émission de ses doctrines.

Telle ne saurait être sa mission sur la terre, fût-elle partout en dehors des gouvernements, ce que nous sommes loin de supposer. En obtenant l'abolition de la traite des noirs, elle a proclamé implicitement celle de l'esclavage. Soutenus par sa haute protection, nos affranchis ont pris rang parmi les citoyens des colonies. Elle en fait ouvertement ses auxiliaires auprès de ceux de leurs frères qu'elle n'a pu arracher encore à la servitude. Le cri de liberté qu'ils ne cessent de faire entendre est devenu partout leur mot de ralliement. Il en résulte un développement évident dans la faculté pensante du nègre, et un dégoût plus remarquable que jamais pour sa condition actuelle. Enfin, la route parcourue dans le sens de l'émancipation est immense, et rend à jamais impossible, dans les colonies, tout retour vers un passé dont les hideux souvenirs ont stigmatisé le présent.

Cependant l'avenir déroule progressivement l'étendard de la liberté, sur lequel on aperçoit déjà cette inévitable sentence écrite en lettres d'or : *Par la raison ou par la force* (note 8), mais flottant dans l'horison entre l'ascendant du siècle et l'intérêt du jour... Tel un vaisseau tourmenté par les vents ; il cinglera triomphant vers ses hautes destinées, ou doit périr sur les écueils dont il est environné, s'il n'est dirigé par une main habile et ferme... Ayons confiance au pilote et à la Providence...

Quoiqu'il en soit, un parti lutte encore avec persévérance contre le pot de fer... Il a recours à toutes les ressources de l'intrigue pour persuader au gouvernement qu'il est possible de maintenir encore l'esclavage dans les colonies. Il n'est pas jusqu'aux gouverneurs eux-mêmes, qui, trompés par ses adroites menées, ne viennent parfois confirmer les assertions de la haute aristocratie qui les entoure, les obsède, et met tous ses soins à éloigner d'eux tout ce qui pourrait leur montrer sous son véritable aspect ce qu'elle a intérêt de cacher. Est-ce donc en faisant ce qu'on appelle administrativement une tournée, en dînant chez un conseiller, un commandant de quartier, ou toute autre notabilité des campagnes, qu'un représentant du Roi peut s'assurer si en effet « les châtiments tombent en dé» suétude, si les maîtres ont l'affection de leurs esclaves, *et si » ces derniers sont contents de leur sort?* etc., etc. (note 9).

Ils sont contents de leur sort!.... Et cependant l'émigration continue toujours, malgré la surveillance des bâtiments garde-côtes et les ordonnances tardives de l'autorité anglaise (note 10), bien qu'il soit notoire pour tous, qu'il y périt plus d'un tiers des malheureux qui osent la tenter... Pourquoi donc alors s'exposer à une mort presque certaine, abandonner patrie, femme, enfants, famille, pour aller traîner sur un sol étranger une liberté contestée, mendiante et vagabonde...? *Ils sont contents de leur sort!*... Il est bien vrai que les maîtres n'osent plus les faire pendre de leur autorité privée, leur couper les jarrets pour les empêcher de courir marrons, ni les mutiler à merci!!... Mais en revanche, ils tiennent ferme sur le *trois piquets*, et font à leur gré appliquer les 29 coups de fouet aussi souvent que bon leur semble pour la plus légère faute... *Le carcan, les jambières, le collier ou le corset de force au cachot*, sont les *seuls* moyens disciplinaires qui leur restent; on peut même ajouter qu'ils continuent à en user selon leur bon plaisir dans leur intérieur, puisque l'administration n'a encore imaginé aucun moyen de contrôle pour y pénétrer, éclairer et censurer enfin cette police arbitraire et privée des habitations, que les créoles s'efforcent de justifier en protestant de leur mansuétude, en même temps qu'ils soutiennent que, sans ces auxiliaires de leur autorité *paternelle* sur leurs esclaves, ils ne pourraient venir à bout de les contenir dans le devoir... *Ils sont contents de leur sort*, à peu près comme on pourrait le dire dans un rapport sur les prisons et les bagnes, de ceux qui y sont détenus; ce n'est qu'une façon de parler relative et figurée.

Mais la vieille cabale coloniale, qui ne sait comment replâtrer son système décrépit, s'empare avidement de tout ce qui peut lui paraître favorable, en découd les phrases au besoin, et les colle à sa marotte. Hommes de parti, si vous n'êtes à la fois frappés d'aveuglement et de surdité, rendez-vous à l'évidence des faits, ou, pour mieux dire, cessez de mentir à votre conscience ! N'apercevez-vous pas que l'état actuel de la civilisation repousse de toutes ses forces le régime barbare que vous préconisez, et que, sapé dans ses bases, circonscrit de toutes parts, il menace vos têtes des éclats de ses chaînes ? Ce murmure sourd, qui vous préoccupe si vivement à chaque renouvellement d'année, ne vous avertit donc pas que les idées libérales vous débordent de plus en plus, et vont, à votre insu, électriser l'âme de vos esclaves, malgré les vaines précautions dont vous vous entourez ?... Du moment qu'il est hors de votre pouvoir de les empêcher de triompher tôt ou tard, convenez au moins qu'il vaudrait mieux pour vous que leur succès parût être le résultat d'une prudente concession de votre part, que de devenir, un jour, la conséquence forcée d'une catastrophe à laquelle votre patrie ne saurait échapper, si vous continuez à prendre ou à donner le change sur sa véritable position morale.

Votre cause est bonne, dites-vous. Eh ! vous tremblez, dès qu'on parle de la discuter ! !... C'est que c'est une question palpitante, dont le retentissement peut avoir les conséquences les plus funestes chez les esclaves. Mais les écrits libéraux qui circulent dans les colonies, en dépit de la censure qu'on y exerce sur leurs journaux, ne sont-ils pas mille fois plus dangereux, sous ce rapport, que les discours pleins de sagesse, qui peuvent être prononcés à la tribune des Députés ?... Ce prétexte est vain, et vous compromettez vos droits en gardant le silence ; car, si vos arguments sont bons, ils renverseront indubitablement ceux de vos adversaires ; vous resterez maîtres du champ dans cette lutte d'intelligence, et vous fermerez la bouche à l'opposition qui vous poursuit d'autant plus activement que vous fuyez plus fort devant elle.

Vaincus, au contraire, par la toute puissance du raisonnement soutenu par les faits, sachons marcher franchement avec notre siècle, dont la haute philosophie mine et détruit insensiblement tout ce qui tend à rappeler la barbarie des temps passés. Et, Français avant tout, ne soyons plus colons que pour indiquer unanimement à la mère-patrie l'étroit sentier qui peut la conduire, sans de trop graves inconvénients, à l'accomplissement de ses généreux desseins ; dût-il nous en coûter une partie de nos fortunes et le sacrifice de nos plus chères habitudes !

Pour nous, qui ressentons vivement les effets de la grâce et qui voulons professer hautement notre foi, nous abjurons sans regret, comme fausses et erronées, toutes idées contraires à la présente déclaration, que nous aurions pu émettre, sous l'influence de l'intérêt privé, en notre qualité de propriétaires d'esclaves, pour donner un libre essor à la manifestation de nos principes en faveur de l'émancipation ; et nous signalons avec joie notre premier pas officiel dans cette honorable résolution par l'abandon de nos propriétés et de notre patrie adoptive, d'où nous n'ignorons point que la démarche que nous faisons aujourd'hui nous exclut à jamais, autant que le parti que nous osons attaquer en face conservera sa prépondérance. Mais, quelque dommage qu'il en puisse résulter pour nos intérêts, et peut-être pour notre sûreté personnelle, nous ne saurions, sans honte, transiger plus long-temps avec notre conscience.

Si donc il nous était permis, Messieurs, d'invoquer devant vous notre propre expérience, à l'appui des faits rapportés et de nos opinions, nous dirions, en ce qui touche la forme de l'abolition, qu'un séjour de quinze années d'activité à la Martinique, durant lequel notre position sociale nous a mis à même de voir et d'observer, sans passions comme sans illusions, les hommes et les choses, nous autoriserait à soutenir que le seul moyen propre à atteindre radicalement l'émancipation des esclaves, sans compromettre à la fois le présent et l'avenir des colonies, serait le rachat des propriétés rurales par le gouvernement, progressivement et sur libre volonté des détenteurs actuels, pendant un laps de temps déterminé, et la répartition immédiate du sol et des usines, au fur et à mesure, entre les esclaves libérés, à charge par ceux-ci de continuer, pour leur compte, l'exploitation des sucreries de la manière sus indiquée.

Mais ce n'est point à titre onéreux pour le gouvernement que nous entendons ce remboursement ; nous pensons au contraire qu'il se bornerait, de sa part, à une simple avance de fonds, laquelle trouverait sa garantie dans le sol et les usines, dont il deviendrait, *en droit*, le véritable propriétaire par le rachat, tandis que l'intérêt lui en serait servi par les nouveaux affranchis, détenteurs du fonds, au moyen d'une redevance annuelle sur les parcelles qui leur auraient été concédées avec la liberté. Seulement, il aurait à supporter sa part du sacrifice que nous faisons tous à l'humanité, en n'exigeant ce tribut qu'après quatre ou cinq ans de jouissance, attendu que les esclaves libérés n'ayant en général rien, absolument rien par devers eux, et devant se monter de tout, ils seraient hors d'état de payer, avant de s'être un peu remis de leur misère, et que l'on aurait à craindre de les décourager, en les surchargeant trop dès le commencement.

Au surplus, cette redevance pourrait être préalablement déterminée, en grevant chaque hectare de terre en baillette d'un impôt annuel de 5 pour °/₀ du prix moyen général de l'affranchissement par tête, y compris la dot augmentée de la somme du rachat des sujets non dotés, répartie sur les terres concédées. Ainsi, d'après notre aperçu général (page 80), ce prix étant de 1,181 fr. 31 cent., le nombre des sujets à libérer s'élevant à 211,000, et celui des hectares à concéder ne montant qu'à 171,071, il devrait s'ensuivre que l'hectare, au lieu de payer 5 pour °/₀ sur 1,181 fr. 31 cent., les devrait sur 1,457 fr. 03 cent. Ce qui reviendrait, en d'autres termes, à substituer des mesures de terre à des têtes d'hommes, pour asseoir le capital du remboursement des possesseurs d'esclaves. L'époque viendra plus tard, où ces mêmes hommes se trouveront en position d'amortir ces redevances qui ne leur rappelleront leurs maux passés qu'avec le souvenir de l'ineffable bienfait de la mère-patrie. Alors, il sera temps de statuer sur la forme et les moyens de l'opérer selon les circonstances, et la rentrée sera d'autant plus certaine que le gage aura acquis plus de valeur. Car ce n'est point par des théories que se démontrent aujourd'hui les avantages du parcellement territorial; c'est par des faits. Voyez à quel degré de prospérité vénale et productive sont arrivées les terres des grands domaines de l'ancienne noblesse et du clergé de France, depuis leur morcellement entre les industrieux prolétaires que le travail et l'économie élèvent, chaque jour, à la condition d'électeurs, etc., etc. Pourquoi la même cause ne produirait-elle pas le même effet parmi les citoyens de la zone torride ?

Nous avons déjà fait voir que l'esclave ou le journalier, bien employés, ne donnaient guère annuellement au maître qu'une moyenne de deux à trois milliers de sucre brut, et que l'homme libre, travaillant à ses pièces, s'en procurerait au moins quatre.

Ne les calculons qu'au minimum de 20 fr. le cent, quittes de frais, ci		800 fr.	00
Supposons qu'ils ne rendront en mélasse que 140 galons, au prix moyen de 70 cent. le galon, ci		98	00
Le revenu brut sera de		898	00
dont il faut déduire, 1° pour le tiers du directeur, ci	299 fr. 33 c.	389	13
2° Pour les éventualités à la charge des planteurs, 15 p. °/o sur le reste, ci	89 80		
Partant. Le revenu (espèces) d'une parcelle d'un hectare sera net de		508	87

non compris les vivres qu'on y peut recueillir, et qui servent à la nourriture du planteur et de sa famille.

Ce résultat qui n'a rien d'exagéré pour qui connaît la fécondité du sol des colonies, réduit à cinq cents francs pour arrondir le chiffre, éleverait donc la valeur de l'hectare de terre à sucre, y compris le bénéfice de son droit aux usines, à deux mille cinq cents francs, produisant l'énorme taux de 20 p. °/o de revenu net à son exploitateur, une fois sa redevance éteinte. Et, il est également prouvé que les terres affectées aux autres cultures ne donneraient pas moins de trois cents francs par hectare, étant travaillées par des mains libres ; ce qui les porterait encore au capital de deux mille francs, rapportant 15 pour °/o d'intérêt.

Or, il est manifeste que le chiffre qui exprime, dans notre aperçu précité, le nombre des sujets à libérer et celui des hectares à concéder, étant inférieur à la réalité, il y aura, en définitif, diminution dans la quotité que nous proposons comme maximum du rachat. Mais ce prix restât-il intact contre toute probabilité, que l'amortissement, sur ce pied, offrirait encore un avantage considérable au tenancier.

C'est ainsi que le sol des tropiques, fécondé par la liberté, paiera la rançon des captifs dont le sang et les larmes l'ont trop long-temps abreuvé, et deviendra pour eux et leurs nombreux descendants une source inépuisable de prospérité.

La France a fait des sacrifices pour l'indépendance des Grecs, pour celle des Polonais, etc.; certes, elle n'en espérait pas les avantages qu'elle peut se promettre de la modique concession que nous osons lui demander pour l'affranchissement de ses propres esclaves. Sans doute, nous devons penser que les charges du trésor public peuvent être telles qu'il est bien permis aux honorables membres de la représentation nationale d'hésiter chaque fois qu'il paraît s'agir de les aggraver. Mais nous serions heureux de pouvoir rassurer ici la question de finance contre les exigences apparentes de celle d'équité, en parvenant à démontrer qu'une partie des capitaux versés, chaque année, par l'impôt sur les denrées coloniales, suffirait, en moins de cinq ans, à la satisfaction de cette dernière.

Commençons par donner à la Martinique, qui est notre point de départ, une appréciation quelconque, et si nous partons de ce principe, que les choses vénales ne représentent en fait que l'argent ou les valeurs réelles contre lesquelles on peut les échanger, nous aurons une belle marge pour le rabais. Néanmoins nous estimerons en âme et conscience, eu égard aux circonstances, sans oublier que c'est pour du comptant, et que, nous devons supporter une partie du sacrifice que s'imposerait la mère-patrie en traitant avec nous quand elle pourrait ordonner...

ÉTAT APPROXIMATIF

du Sol, des Établissements ruraux et des Esclaves de la Martinique, avec leur appréciation, pour servir de prix de base *maximum* au rachat qui pourrait être exercé par le gouvernement.

SOL.

Il résulte du dernier travail fourni par MM. les officiers du génie, à la Martinique, que la surface de cette île est évaluée à 75,379 hectares, divisés comme suit :

SAVOIR :

Terres cultivées..	21,380 h.	Terres arables....	38,571 h.
Savanes ou prairies naturelles.....	17,191		
Bois...........	19,997	Dont il n'y a d'habité qu'environ...	6,000
Terres sans valeur.	16,811		
Égale...	75,379 h.	Dont remboursable.	44,571 h., à 300ᶠ

Donneraient........ 13,371,300ᶠ

BATIMENTS ET USINES.

Environ 407 Établissements sucreries, dont nous classerons la valeur des usines d'après leur importance, et particulièrement le nombre et la nature des moulins, parce que c'est de là que dépend tout le reste. Ainsi, la première classe comprendra les habitations ayant moulin à vapeur ou moulin hydraulique ou à vent, avec annexe à manège ou autre; la deuxième, celles n'ayant qu'un moulin mu par l'eau, l'air ou la force des animaux, pourvu que ce dernier soit en charpente et couvert; enfin, la troisième et dernière classe sera composée des établissements qui ne comptent qu'un tourniquet ou moulin à manége découvert, avec ou sans trottoir. En donnant à chacune de ces classes l'appréciation qu'elle nous paraît mériter. Nous aurons,

Pour la 1re, envir. 100 établissements, à 45,000ᶠ, ci	4,500,000ᶠ
Pour la 2e, envir. 200 établissements à 30,000ᶠ, ci	6,000,000
Pour la 3e, envir. 107 établissements à 15,000ᶠ, ci	1,605,000
Usines à sucre, ci	12,105,000

A reporter 13,371,300ᶠ

Report 407	*Report*......	12,105,000f	13,371,300f
Environ 1,100	Habitations où l'on cultive le café, le coton, le cacao, etc., dont nous croyons raisonnable de compter les usines au prix moyen de 1,400 fr. l'une, attendu leur peu d'importance (1), ci.........	1,540,000	13,666,000f
Environ 7	Établissements chaufourneries dont on ne peut guère estimer les usines à moins de 3,000f chacune...............	21,000	
Total... 1,514	Établissements ruraux estimés ensemble.......	13,666,000	

ESCLAVES.

Environ 66,000 de un à soixante ans, au prix moyen et unique, pour toutes les colonies françaises, de 800f par tête, sans distinction d'âge ni de sexe, ci....... 52,800,000f

Montant du remboursement présumé pour la Martinique. 79,837,300f

Avant d'entrer dans la discussion de l'indemnité, il n'est peut-être pas inutile de faire remarquer quelques-uns des précédents adoptés chez nos voisins, et qu'il nous importe le plus d'éviter. Il paraîtrait que les Anglais auraient pris pour base de leur indemnité le rapport du produit de chaque colonie

(1) Il est bon d'observer que sur ces 1,100 établissements du second ordre, il s'en trouvera plusieurs à retrancher de l'indemnité pour leurs usines, attendu que le droit local de capitation, qui ne pèse ici que sur les vivreries, etc., a fait classer comme caféries, pour l'éviter, un grand nombre d'habitations qui ne cultivent pas de café. Il faudra donc, pour se fixer à cet égard, prendre pour règle la surface du sol, qui est la base de l'importance des établissements, et dire que toute propriété qui ne comptera pas 8 hectares de terre au moins, sera réputée vivrerie, hate, etc., et n'aura pas droit au rachat des usines. De même que les détenteurs de celles au-dessous de 3 hectares, pourront se réserver leur terre et proposer isolément leurs esclaves au rachat.

Cela peut s'appliquer à toutes les colonies.

comparé au nombre de ses esclaves. Mais nous croyons ce mode d'évaluation imparfait, car le chiffre du produit tient plus encore à la qualité du sol qu'au nombre de bras employés à son exploitation, et cela est si vrai, du petit au grand, qu'il est telle habitation dans cette colonie qui, avec cinquante nègres de houe, donne deux cents barriques de sucre brut, tandis que telle ou telle autre n'atteint pas ce chiffre avec cent esclaves au jardin, à mérite égal d'ailleurs dans l'administration. Les nègres de la première seraient donc payés deux fois plus cher que ceux des autres puisque, avec une fois moins, elle recevrait la même somme. Transportez cette échelle de colonie à colonie et vous vous expliquerez la différence qui existe de l'une à l'autre dans la quotité du prix alloué par tête de nègre chez nos voisins.

Mais ce qu'il y a de plus choquant, dans l'indemnité par capitation, c'est que, le cafeyer, le cotonnier, etc., dont les plus grandes usines ne passent guère trois ou quatre mille francs de première mise; le vivrier, le pâtre, qui n'a pour toute usine qu'une platine à manioc, recoivent la même somme, relativement au nombre de leurs esclaves, que le sucrier, dont la vaste manufacture a souvent coûté plus de cent mille francs à construire et lui reste pourtant en pure perte.

De semblables inconvénients n'échappent point aux localistes, et nous croyons bien faire en vous les signalant, Messieurs. Dans l'état approximatif qui précède, nous nous sommes en outre efforcés d'indiquer par application, la seule voie qui nous paraisse susceptible de les éviter.

En faisant porter l'indemnité comme remboursement, sur le sol, les usines et la capitation, nous mettons à votre disposition tous les matériaux dont le remaniement est nécessité par l'abolition de la base sur laquelle s'est appuyée jusqu'ici toute l'organisation coloniale : nous voulons dire l'esclavage; et nous vous offrons un moyen de répartir l'indemnité équitablement entre les intéressés, en la proportionnant aux pertes qu'ils ont à essuyer respectivement, eu égard aux capitaux employés dans les divers genres d'industrie agricole qu'ils exploitent.

Quoiqu'il en soit, vous remarquerez, Messieurs, que le

trésor français n'aura point à souffrir de la méthode sur laquelle nous osons appeler votre attention, puisque indépendamment de l'avantage de ne servir l'avance du rachat que par cinquième d'année en année, vous verrez bientôt que les plus grandes probabilités, militent en faveur d'une réduction des trois cinquièmes sur le total général du remboursement. Et nos convictions sont telles à cet égard, que nous n'hésitons point à raisonner dans ce sens, en nous appuyant sur les motifs dans le détail desquels nous allons entrer pour vous mettre à même d'en apprécier la valeur.

A la Martinique, et probablement ailleurs, la dette coloniale, ce cancer dévorant, à jamais incurable, triste résultat de la mauvaise organisation de notre système judiciaire, s'offre d'elle-même comme cause efficiente de cette réduction et de l'atermoiement du remboursement.

En effet, la campagne seule, dans cette île, doit plus de cent millions, c'est chose positive, quelque soin qu'on mette à s'en cacher. Il ne faut, pour s'en convaincre, que feuilleter les registres des hypothèques, et y ajouter les obligations qui n'y sont pas portées.... Certes, dans les conjonctures actuelles, le pays entier ne trouverait pas preneur à ce prix, bien qu'il puisse valoir réellement davantage; il est donc, par le fait, en état de déconfiture. Mais sa débâcle serait des plus désastreuses, pour ses nombreux créanciers aussi bien que pour leurs débiteurs, qu'elle ruinerait sans les acquitter, si l'émancipation, quelle que soit sa forme, venait à être brusquement décrétée. Car, elle ôterait à ceux qui doivent plus qu'ils n'auraient à toucher, la faculté de se libérer, et il y en aurait beaucoup dans ce cas!! et condamnerait les autres à se contenter d'une faible partie de leur dû, quand ils pourraient prétendre à mieux avec un peu de temps. Qu'on leur laisse au moins l'espérance!! Ainsi, dans ce conflit d'intérêts divers, l'équité demande grâce pour quelques années à la philanthropie, en faveur des débiteurs et de leurs créanciers. Mais l'humanité demande impérieusement à son tour pour les colons dégrevés, le prompt rachat et la dot de leurs esclaves; parce que rien ne s'opposera plus à ce que cette satisfaction lui soit donnée, dès qu'on aura trouvé le moyen d'y faire concourir la volonté des maîtres. Or, ce moyen, nous l'indiquons : c'est l'intérêt privé...

Des motifs aussi graves semblent de nature à exiger un sursis de cinq ans, pendant lequel les demandes en remboursement pourraient être accueillies, comme il sera dit plus bas, afin que le plus grand nombre possible puisse profiter du bénéfice de la mesure. Après quoi, il serait statué sur le sort des retardataires et passé outre, dès maintenant, à l'émancipation définitive des esclaves restant encore à libérer à l'expiration de la cinquième année.

Il suit pour nous, de ce qui vient d'être dit, la nécessité de porter encore le scalpel sur ce corps social, dussions-nous blesser de nouveau les susceptibilités de quelques-uns de ses membres. Nous le diviserons donc, pour la Martinique, en cinq sections ou catégories.

La première comprendra les colons déjà fixés en France dont les propriétés coloniales sont libres de tout engagement, et ceux qui, dans la même position d'indépendance, n'aspirent qu'à revoir la mère-patrie pour ne la plus quitter. L'on doit s'attendre qu'elle assiégera les avenues du bureau des fonds dès que la porte lui en aura été ouverte par le rachat. Mais ne vous effrayez pas, Messieurs, sa cohorte ne sera pas nombreuse.

Dans la seconde, figureront ceux qui ne doivent que médiocrement et qui veulent de bonne foi se libérer à tout prix. Ce n'est point encore celle-là qui donnera le plus de travail au caissier. D'ailleurs elle ne se présentera que lentement et successivement, ayant intérêt à satisfaire ses créanciers plutôt par ses revenus que sur son capital.

La troisième sera l'expression des débiteurs qui doivent tout ce qu'ils *estiment* posséder ou peu s'en faut, et souvent au delà. Ici viennent se grouper de grandes, de moyennes et de petites propriétés, formant en bloc les trois cinquièmes au moins de la fortune du pays. L'on se persuade aisément que les colons, placés dans cette malheureuse position, ayant tout à perdre par le rachat, puisque leurs créanciers ne manqueraient pas de venir se partager au marc le franc l'intégralité de leur remboursement, préfèreront la continuation d'une jouissance, orageuse, il est vrai, mais qui leur donnera de quoi pourvoir aux besoins de leurs familles, et même à leurs plaisirs, en dépit des huissiers qu'ils bravent, etc... Ceux-là, disons-nous, ne se désaisiront jamais volontairement des biens dont ils sont détenteurs; ils y tiennent comme un avare à son trésor, par la crainte de les voir changer de mains, et notre proposition leur en assure la possession au moins pour un temps, sauf les poursuites judiciaires qui ne sont redoutables aux colonies que pour ceux qui veulent payer; ce qui fait que tant de gens s'en moquent!...

D'un autre côté, les créanciers ayant devant eux cinq ans pour se reconnaître, prendre des arrangements et se faire donner des à compte sur les revenus, ne pourront pas se plaindre d'avoir été pris au dépourvu. Au surplus, les choses en sont au point que leur situation ne peut guère empirer. Ils sont depuis long-temps préparés à tout, et moins perdre, pour eux, c'est gagner.... Or, de toutes les hypothèses possibles, avec la politique actuelle des gouvernements à l'égard des colonies à esclaves, la nôtre est peut-être celle qui leur offre le moins de perte.

La quatrième division embrassera les petits blancs. On appelle ainsi les créoles de la campagne qui unissent la qualité de blancs à l'éducation des nègres. Ils sont vivriers, pâtres, etc., et possèdent peu de terres et d'esclaves; mais ils sont nombreux. Leurs fortunes exiguës, d'ailleurs plus ou moins engagées, réduiraient pour la plupart le remboursement à rien. Ils n'auraient donc nul intérêt à se prévaloir du rachat et peu d'entr'eux se décideraient à le demander. Au surplus, il suffit de connaître leur mœurs, leurs habitudes et surtout cet indolent *caraïbisme* qui, pour eux, comme pour tant d'autres, transforme l'existence en une espèce de végétation, pour demeurer convaincu, qu'ils ne peuvent vivre que sur le sol où ils ont pris racine.

Nous touchons à la cinquième et dernière catégorie, celle que l'on désigne encore, par habitude, sous la dénomination de classe de couleur. Elle est en possession, avec la précédente, d'un cinquième environ des biens ruraux de l'île, subdivisé en une infinité de parcelles. Hors quelques éducations et quelques fortunes médiocres, tout ce que nous avons dit de la quatrième division lui est applicable moins la qualité de blancs qui n'est pas toujours une règle sûre... Nous ajouterons seulement à l'égard de cette classe, pour nous renfermer dans notre sujet, que l'espèce d'abjection légale qu'elle subissait avant la reconnaissance de ses droits civils et politiques et dont elle se ressentira toujours en fait, si rien ne change dans le système colonial, prouve qu'elle tient par-dessus tout à la propriété et au pays, puisqu'elle a eu le courage d'y rester malgré les amertumes dont elle fut si long-temps et est encore souvent abreuvée. Comment y renonçerait-elle aujourd'hui, que tout conspire à lui en assurer l'entière et paisible jouissance? Non. Le remboursement de ses domaines ruraux à la condition de ne pouvoir vendre les esclaves qui y sont attachés sans les terres, ne saurait lui convenir généralement parlant.

Les hommes de couleur, propriétaires, regretteront sans doute d'être des derniers à posséder des esclaves, eux qui se montrent si jaloux de l'émancipation. Mais ils s'en consoleront en voyant chaque jour approcher le terme de la captivité de leurs malheureux frères! Mais ils sauront attendre patiemment en présence de cet heureux avenir, parce que l'intérêt qui les attache au sol leur en fait une loi, puisqu'ils n'ont, dans notre hypothèse, que ce moyen pour conserver le peu qu'ils en possèdent. Au surplus, l'exception que nous allons bientôt établir en faveur de la petite propriété, est de nature à mettre beaucoup de gens à l'aise sous ce rapport de conscience.

Il nous reste à parler des propriétaires d'esclaves de villes, c'est-à-dire de ceux qui, étant détachés de la terre sur le dénombrement de leurs maîtres, se trouvent mobilisés par ce fait. Il est encore facile de prévoir que la majeure partie de ces propriétaires ne se présenteront que le plus tard possible pour jouir du rachat: tels, par exemple que les possesseurs de bateaux gros bois et autres, de canots de poste et de quelques usines urbaines, etc.; ces esclaves leur étant nécessaires pour faire valoir leur matériel, etc.

Il dérive de cette courte, mais fidèle analyse, que les deux premières sections, formant ensemble le cinquième au plus de la propriété rurale, réclameront indubitablement le bénéfice du rachat, ne fût-ce que par la crainte de pis en fin de compte; et, qu'en ajoutant la valeur des esclaves isolés, dont le remboursement pourra être requis utilement, au petit nombre des intéressés de la troisième division qui parviendront à se mettre en état d'en profiter, il serait raisonnable de compter sur un autre cinquième à satisfaire. Quant aux petites habitations de trois hectares et au-dessous, appartenant en général à des gens de couleur ou à des blancs pauvres, il convient de les mettre d'avance en dehors du rachat pour leurs terres; de même que celles de huit hectares et au-dessous doivent l'être, pour les usines dès qu'il est constant qu'elles en sont dépourvues. Il faudra donc déduire, pour toutes ces parcelles, un cinquième de la propriété immobilière, car le nombre en est grand, ce qui réduit à deux cinquièmes environ, la portion sur laquelle il restera à statuer à l'expiration du délai, laquelle ne présentera guère que des habitations en ruine, presque abandonnées, et dont les usines, tombant en lambeaux, seront pour la plupart inservables. Au surplus nous fournirons, s'il en est besoin à cette époque, le complément ou la seconde partie de notre travail sur l'indemnité. Qu'il nous suffise, pour le moment, de savoir que les demandes présumables en rachat, ne peuvent dépasser les deux cinquièmes de la propriété agraire des colonies, esclaves compris. Et, si l'on pouvait encore appréhender, contre toute vraisemblance, que ces demandes se multipliassent au delà de nos prévisions, surtout vers l'expiration du terme fatal; une disposition dans la loi qui se rapporterait à l'article 10 § 1 du projet, nous paraîtrait propre à obvier complètement à cet embarras financier, puisqu'elle tendrait essentiellement à rendre nulles, faute de fonds alloués, la presque totalité des réclamations trop tardives.

Or, pour avoir une somme ronde, nous établirons notre évaluation, pour la Martinique, à quatre-vingt millions. L'on aurait donc à payer, dans cette île, au plus trente-deux millions, qui, divisés en cinq termes égaux, d'année en année, donneraient ouverture à un crédit supplémentaire de six millions quatre cent mille francs par an, pendant cette courte période.

Nous manquons, et cela n'a rien d'étonnant dans notre position, de renseignements officiels pour établir rigoureusement le calcul des revenus annuels que peut tirer la métropole de cette colonie, défalcation faite de ce qu'elle lui coûte en frais de représentation, administration, etc., etc. Mais nous voyons, par le relevé des registres locaux, que la moyenne de nos produits et par conséquent de nos importations en sucre, est généralement d'environ trente millions de kilogrammes; nous savons, et pour cause, que les droits perçus à l'arrivée en France, sont de 45 francs par °/₀, d'où il est tout simple d'inférer que leur produit, sur cette denrée seulement, doit être d'environ treize millions 500,000 francs. La perception des douanes du continent sur les cafés, cacao et autres provenances, ne s'élevât-elle qu'à un million pour cette île, nous nous croirions fondés à conclure qu'ajoutée au décime pour franc sur le tout, elle couvrirait plus de six fois les frais coloniaux et autres à la charge de la métropole, au moins en ce qui nous touche. Dès lors, il faut tenir comme certain qu'une somme de six millions 400,000 francs à prélever sur ce que nous rendons à la mère-patrie, et cela dans le but unique d'assurer, et même d'augmenter par la suite son revenu de ce côté, ne saurait paraître une prétention déraisonnable, quand même on voudrait n'envisager la question que sous son point de vue fiscal.

Mais ce n'est pas de la Martinique seulement qu'il s'agit dans notre hypothèse; c'est de toutes les colonies à esclaves que possède la France. Si nous avons affecté de paraître jusqu'ici nous occuper plus particulièrement de la première, c'est qu'il nous fallait un point de départ, un terme de comparaison, et qu'il était naturel que ce fût le pays que nous habitons. Déclinant donc maintenant toute spécialité, en ce qui touche l'émancipation et l'indemnité, et voulant généraliser l'application de notre raisonnement, nous vous prierons, Messieurs, de jeter les yeux sur l'aperçu résumé qui termine cet écrit, vous y verrez (page 80) que toutes nos colonies, évaluées sur une échelle d'appréciation commune, ne s'élèveraient, en somme, qu'au total d'environ deux cent cinquante millions. Or, comme il demeure constant, pour nous, qu'à bien peu d'exceptions près, elles se trouvent toutes plus ou moins rapprochées de la situation de la Martinique, tant sous le rapport de la dette que sous celui des autres motifs, qui nous font regarder comme impossible que les demandes en remboursement puissent généralement excéder les deux cinquièmes de la valeur que nous donnons à leurs propriétés rurales, esclaves compris; nous persisterons, dans notre conviction, à soutenir qu'un crédit annuel de vingt millions de francs pendant cinq ans, serait au moins suffisant pour y faire face.

S'il fallait démontrer que ce sacrifice apparent est loin d'outrepasser les ressources du trésor métropolitain, et, qu'au résumé, il ne serait supporté que par les colons eux-mêmes, nous reprendrions, en les étendant à toutes nos colonies à esclaves, les approximations déjà très-favorables au gouvernement, que nous avons présentées tout à l'heure isolément pour le produit fiscal de la Martinique. Et même, en les réduisant de beaucoup au-dessous de la vérité, nous ne doutons point que nos chiffres ne soient d'une évidence parlante en faveur de cette assertion. Ainsi nous dirions:

POUR LA MARTINIQUE,

La moyenne de ses importations annuelles en France, n'est que de 27,000,000 kilog. sucre brut au lieu de 30,000,000, au droit de 45 fr. par 100 comme brut autre que blanc, ci....	12,150,000 f.
Les droits sur les cafés, cotons, cacao, etc., ne produisent à la métropole que........................	1,000,000
Décime pour franc à ajouter sur 13,150,000 fr...	1,315,000
Total..........	14,465,000 f.

GUADELOUPE ET DÉPENDANCES.

Elle n'importera que 32,000,000 de kilog. de sucre brut, à 45 fr. pour 100, ci......	14,400,000 f.	
Café, 1,500,000 kil., à 60 f., ci	900,000	
Coton, 300,000 kil., à 5 f., ci..	15,000	
A reporter....	15,315,000 f.	14,465,000 f.

Report....	15,315,000 f.	14,465,000 f.
Cacao, 30,000 kil., à 40 f., ci.	12,000	
Total....	15,327,000 f.	16,859,700
Décime en sus	1,532,700	

CAYENNE ET DÉPENDANCES.

Sucre brut, 2,000,000 kil., à 45 f. par 100, ci	900,000 f.	
Café, 150,000 kil., à 60 p. 100, ci..........................	90,000	
Coton, 2,000,000 kil., à 5 p. 100, ci	10,000	
Cacao, 70,000 kil., à 40 p. 100, ci	28,000	
Rocou, 1,000,000 kil., à 10 p. 100, ci	100,000	
Girofle, 450,000 kil., à 60 p. 100, ci	270,000	
Poivre, 3,000 kil., à 20 p. 100, ci	600	
Cannelle, 9,000 kil., à 65 p. 100, ci	5,850	
Muscade, 2,500 kil., à 100 p. 100, ci	2,500	
Total......	1,406,950 f.	1,547,645
Décime pour franc.	140,695	

ILE BOURBON.

Sucre brut, 5,000,000 kilog., à 38 f. 50 c. p. 100...............	1,925,000 f.	
Café, 1,500,000 kil., à 60 p. 100, ci..........................	900,000	
Girofle, 200,000 kil., à 50 p. 100, ci	100,000	
Cacao, 6,000 kil., à 40 p. 100, ci.	2,400	
Coton, 20,000 kil., à 5 p. 100, ci.	1,000	
A reporter....	2,928,400 f.	32,872,545 f.

Report....	2,928,400 f.	32,872,345 f.
Muscade, 500 kil., à 100 p. 100, ci...........................	500	
TOTAL.........	2,928,900 f.	3,221,790
Décime pour franc.	292,890	

Ce qui porte la recette brute de la douane de France, sur ces quatre colonies, à......................		36,094,135
Que les frais qu'elles coûtent au gouvernement s'élèvent à 7,000,000 f., c'est tout au plus, ci.............	7,000,000 f.	27,000,000
En y ajoutant comme supplément temporaire le crédit demandé pour couvrir le remboursement prémentionné, ci......................	20,000,000	
Le fisc resterait encore en possession, sur leurs seuls produits agricoles, d'un excédant de recettes de......		9,094,135 f.

Maintenant, si l'on persistait à soutenir, contre l'évidence, que les colonies sont onéreuses à la France, ainsi que cela a été avancé à la tribune, il n'en faudrait accuser que l'imperfection des lois sur les sucres, qui feraient sortir, par la prime accordée à l'expédition des raffinés, plus qu'il ne serait perçu, à l'entrée, sur les moscowades; et cela, entr'autres, par une suite naturelle de la fraude qui doit résulter des différences de droits sur les provenances étrangères, celles de nos possessions et la franchise absolue dont ont joui jusqu'ici nos produits saccharoïdes regnicoles.

S'il est reconnu que ce grave inconvénient soit inhérent à l'industrie du raffinage, qui ne pourrait soutenir la concurrence de l'étranger sur les marchés extérieurs, qu'à l'aide de cet énorme sacrifice de la part du trésor qui supporterait seul, de la sorte, les pertes de notre commerce, et cela gratuitement, sans qu'il soit possible de prévoir le terme d'un pareil état de choses, ce système de primes serait un mal réel, une véritable calamité. Il y faudrait renoncer. — Si, au contraire, les raffineurs peuvent se tirer d'affaire sans draw-back, au moyen d'un abaissement raisonné sur le brut exotique, et d'un droit sur l'indigène, qui balance à peu près la perception actuelle sur les moscowades, servant d'aliment à nos raffineries, y eût-il même diminution sur les recettes du fisc; il est encore manifeste que la prime, telle qu'elle est, est un abus qu'il importe de réprimer le plus tôt possible.

L'industrie du raffinage elle-même, n'a rien à craindre de cette proposition; car, en n'accordant la faveur de la balance qu'aux sucres de Bourbon exclusivement, elle opèrerait encore, pour la consommation intérieure seulement, sur une quantité de cent cinquante mille boucauds, produit moyen des îles Martinique, Guadeloupe et Cayenne, joint à celui de la France, en sucre de betteraves, qui, avec les cinq millions de kilo, provenant de Bourbon, seraient encore au-dessous des cent soixante-seize mille boucauds, auxquels on évalue cette consommation, et laisserait place à l'introduction de seize mille boucauds de provenance étrangère pour compléter l'approvisionnement du dedans. Or, comme dans un pays où les probabilités du commerce sont bien calculées, tout est bénéfice dans les opérations d'échange, lorsqu'il y peut faire entrer ses productions naturelles et industrielles, comme nous, plus le fret de ses navires, pour n'apporter de l'étranger que la matière brute, l'assimilation de ces moscowades aux nôtres, quant au droit, qui, dans ce cas, serait unique, pourrait ouvrir à l'industrie intérieure et au commerce de France à l'étranger des chances de succès qu'aucune combinaison politique de nos concurrents ne serait capable de renverser, et cela, sans nuire aux colonies françaises, bien qu'elles restassent astreintes à ne consommer que nos produits, et à ne vendre les leurs qu'à nous, comme par le passé; attendu que cette obligation, loin d'être une charge pour elles, leur est favorable au contraire, puisqu'il est positif qu'aucune nation ne pourrait payer leurs productions un plus haut prix que celui qu'elles obtiendraient alors de notre commerce, ni les approvisionner à meilleur marché; sauf quelques salaisons, le bois et quelques barils de farine, qui leur sont fournis par les États-Unis en échange de l'excédant de leurs sirops; les bœufs et les chevaux de Porto-Ricco, et les mulets de la Côte Ferme, qui déjà commencent à céder le pas à ceux de France. Mais ces relations de localités pourraient toujours continuer sur le même pied.

Il est donc clair, d'après l'exposé qui précède, que les colonies produisent annuellement au moins trente millions de francs à l'État. Comme il serait juste de dire que, si, par une prédilection toute spéciale, ce produit est uniquement affecté au bénéfice des raffineries, au préjudice même du trésor, il n'y aurait pas trop d'exigence, de la part des amis de l'humanité, à en demander les deux tiers à titre d'avance pendant cinq ans seulement, pour l'émancipation des esclaves dont le sang et la sueur alimentent, depuis tant d'années, ce revenu fictif pour le gouvernement. Car, la restitution des droits en entier pourrait, à certains yeux, ne paraître qu'un acte d'équité, dès qu'elle aurait pour objet un aussi noble motif. Remarquez bien que, dans ce cas, en admettant, contre toute vraisemblance, que le remboursement fût exigé par tous les détenteurs du foncier, il ne faudrait pas neuf ans pour racheter le capital de toutes nos colonies avec leur propre impôt, au taux modeste où nous les estimons. Mais ce n'est pas là notre affaire pour le moment.

Nous n'avons plus qu'un mot à dire à l'occasion de l'estimation des propriétés, qui paraîtra probablement trop faible aux colons, et, peut-être, un peu forte à la métropole. C'est que, s'il pouvait planer quelques doutes sur la loyauté de notre appréciation, comme partie intéressée, nous nous flatterions de les dissiper, Messieurs, par le simple énoncé de ce que nous connaissons des dernières évaluations fournies par les colons eux-mêmes sous l'influence accoutumée de l'intérêt privé; lesquelles ont été publiées, en 1830, sur les renseignements donnés dans les bureaux du ministère de la marine. (Voir *le Manuel géographique, historique et statistique des départements de la France*; par Lallemant.)

Comparez et jugez.

	ÉVALUATION selon le PARTI CRÉOLE.	ÉVALUATION selon L'ÉQUITÉ.
Ile Martinique................	310,000,000f	79,837,300f
Ile Guadeloupe et dépendances...	390,000,000	98,830,000
Cayenne....................	25,000,000	13,217,600
Ile Bourbon (nous manquons de renseignements).............	Mémoire.	54,480,000
Sénégal et dépendances (*idem*)....	*Idem.*	2,892,000
TOTAUX.......	»	249,256,900

NOTA. Voir le détail, pour la Martinique, page 41 et suivantes, et pour les autres colonies, voir le tableau général, page 80.

Mais, dans quel but ces Messieurs se mettent-ils à un si haut prix? C'est qu'apparemment, dans leur pensée, cela pourrait du moins servir à embarrasser l'émancipation par la difficulté du remboursement... Quelle prévoyance! Comment une appréciation aussi éloignée de la vérité a-t-elle pu se maintenir? Cela ne peut s'expliquer que par un fait qui pourrait paraître étrange au premier abord, mais qui n'en est pas moins positif et parfaitement dans les mœurs créoles. C'est que les colons les plus endettés sont, en général, les plus influents dans le pays, parce que la considération, à la faveur de laquelle ils sont parvenus à englober impunément l'argent des autres dans leurs inexpugnables propriétés, loin de rien perdre dans l'opinion, semble s'accroître, au contraire, avec les apparences de leur richesse, leur état de maison et leurs airs de grands seigneurs. De cette position, on voit naître le besoin de donner le change sur le véritable état de sa fortune, et la nécessité où se trouvent ces honnêtes débiteurs de consoler leurs créanciers par l'actif de leur bilan qui est toujours des mieux nourri et ne rentre jamais, comme on le pense bien... Ils sont de tous les partages, de toutes les estimations qu'ils gonflent partout, à qui mieux mieux, pour être conséquents avec eux-mêmes et multiplier les termes de comparaison. La vanité créole trouve son compte à cet aunage, et chacun de se récrier sur la profonde sagacité de ces équitables appréciations qui font, d'un trait de plume, une succession riche de cent mille francs, lorsque, en définitive, elle est réellement en débet du double, quand vient le temps de fondre la cloche... C'est avec de pareils inventaires, où une chaise de paille figure souvent pour cinquante francs, bien qu'elle n'ait qu'un barreau de cassé et le reste à l'avenant, que l'on marie ses filles à la Martinique; et c'est sur eux encore que l'on a évidemment établi les évaluations, absurdement enflées, dont nous venons de produire le chiffre.

On conçoit qu'avec un système comme celui-là, soutenu par la ligue de l'intérêt privé, ce ne sera jamais par voie d'arbitrage, quelques précautions que l'on y apporte, que le gouvernement pourra connaître la valeur réelle des propriétés coloniales. On a trop de propension à l'exagération, et l'occasion serait trop belle pour n'en pas profiter... Cette conviction nous a conduit à adopter un mode d'évaluation général, à base unique, indépendant de toute expertise, et que la commission de liquidation puisse, de Paris étant, contrôler et rectifier, au besoin, tout à son aise, au moyen d'états des lieux en bonne forme, bien explicatifs, de plans, etc., à l'appui des procès verbaux de délaissement et des dénombrements, etc.

Résumons. Nous croyons avoir démontré plus haut la nécessité de trancher enfin, la question de l'émancipation des esclaves, de ne faire plus, *en fait*, qu'une classe d'habitants dans les colonies, et d'attacher à l'ordre, par la prospérité, les affranchis agriculteurs. Nous avons été conduits aussi à indiquer l'impossibilité d'y amalgamer les colons blancs, surtout dans les campagnes, et, par suite, l'obligation d'offrir à ceux-ci un moyen de retraite honorable pour les engager à céder d'eux-mêmes à la force des circonstances qui les maîtrisent de toutes parts. Enfin, nous avons fait voir que le séjour des villes, les ressources de leur commerce et de leur industrie resteraient intacts à leurs habitants, sans distinction de couleur, sous la protection du gouvernement métropolitain et des autorités locales.

En ce qui touche l'ajournement de cinq ans, auquel nous croyons utile de remettre graduellement la complète émancipation, nous avons également dit sur quoi nous fondons cette opinion, que nous corroborerions, au besoin, vis-à-vis ceux qui nous allègueraient le prétendu danger qu'il pourrait y avoir à proclamer la liberté avec des restrictions qui ne permettraient qu'à un petit nombre d'en jouir immédiatement, en nous étayant sur l'exemple de ce qui se passe dans les colonies anglaises. Or, s'il est démontré que les esclaves de ces contrées, voisines des nôtres, subissent patiemment la période de probation qui doit les conduire à la liberté définitive sous le titre d'apprentis à divers degrés de temps (note 11), il n'y a pas de motif pour penser que ceux de nos esclaves qui seraient des derniers libérés, n'attendissent aussi tranquillement que les nègres anglais, cette heure désirée, dès que la loi en aura posé le chiffre irrémissible. Et cela, d'autant mieux que, cette libération n'étant plus subordonnée alors qu'à la volonté des maîtres, pendant ce laps de temps, c'est de l'activité au travail et de la bonne conduite des esclaves, que pourra dépendre, pour beaucoup, l'abréviation de leur captivité.

Mais, Messieurs, le bienfait de la loi dont nous allons soumettre l'aperçu à votre examen, ne pouvant arriver aux noirs que successivement et pour ainsi dire goutte à goutte, il nous semblerait juste que, dès son apparition, elle produisît au moins une amélioration dans le régime disciplinaire des habitations et la situation de ceux qui ne seraient appelés que plus ou moins tardivement à jouir de tous les avantages qu'elle leur promet. Cependant, fidèles à nos principes d'équité, nous voudrions que les immunités ne soient pas trop onéreuses aux maîtres, attendu qu'il est naturel de croire que ce seront les moins aisés qui reculeront le plus long-temps devant le bénéfice du rachat. En conséquence, nous inclinerions à proposer une gratification hebdomadaire en temps auxdits esclaves, parce qu'il serait impossible à des hommes ruinés et endettés, de remplir à leur égard toute autre obligation.

Il est encore un objet capital sur lequel nous croyons devoir appeler toute votre attention, Messieurs; c'est l'enseignement public étendu aux captifs (voir note 12). L'ignorance est favorable au régime de la servitude. Les maîtres n'ont que trop bien compris ici cette affligeante vérité, et l'ont tellement préconisée parmi leurs esclaves, qu'elle a rejailli jusque sur eux... C'est elle aujourd'hui qui semble le mieux servir leur triste cause, et oppose le principal obstacle à l'émancipation spontanée; vous avez entendu leurs organes en tirer un moyen de défense à votre tribune... Eh bien! que la période quinquennale que nous proposons pour consommer le grand œuvre de la régénération coloniale, soit convenablement employée au développement de l'intelligence des esclaves faits et de leurs enfants, vous verrez s'évanouir d'elles-mêmes les prédictions intéressées du parti qui soutient *qu'ils ne sont pas mûrs pour la liberté.* Il ne faut, pour assurer ce nouveau triomphe, à la logique des faits, que mettre à profit l'*avis* de nos adversaires, en hâtant cette maturité par des lois qui ne permettent plus de l'entraver...

Il ne nous appartenait pas de rien préjuger sur les mesures à prendre ultérieurement, relativement aux colons retardataires, lors de l'expiration du terme de rigueur sus énoncé, parce que cela reste en dehors du cercle que nous nous sommes tracé. C'est au gouvernement à adopter plus tard, en toute connaissance de cause, celles qu'il jugera convenables aux hommes et aux choses d'alors. Si nous obtenons que le terme de l'abolition absolue de l'esclavage, dans nos colonies, soit irrévocablement fixé à cinq ans au plus, notre but sera rempli.

Sans doute nous n'osons point nous flatter d'avoir répondu d'avance à toutes les objections que fera probablement surgir cette pâle esquisse d'un système qui ne peut acquérir quelque consistance, qu'autant qu'il sera fécondé par l'éloquence et les talents des hommes de bien qui se sont voués à la défense de la cause de l'humanité. Nous sentons trop vivement toutes les difficultés de cette grave question, à laquelle se rattachent trop d'intérêts généraux et particuliers, et nous ne nous faisons point illusion à cet égard. Quoiqu'il en soit, si l'on nous refusait de regarder comme certain que la reconnaissance du principe de l'émancipation et son application immédiate, paralyseraient la commotion, déjà bien sentie ici, de l'abolition de l'esclavage dans les colonies anglaises, qui n'agira sur les nôtres de toute son énergie qu'au moment où la liberté de fait viendra montrer à leurs esclaves toute la puissance de celle de droit, qui n'est encore qu'une fiction pour eux; peut-être nous accordera-t-on que le partage des terres atteindrait d'autant plus complètement le but d'une saine philanthropie, que, d'une main le législateur assurerait l'avenir des nouveaux citoyens qu'il aurait arrachés à la servitude, tandis que, de l'autre, il étoufferait la guerre civile dans son germe, en opérant à la fois la seule fusion possible aux colonies par l'extraction de l'aristocratie de la peau, cette hydre toujours renaissante, implacable ennemie de la liberté des noirs. De cette union d'une population nombreuse, homogène, désormais intéressée par la propriété à la conservation du pays, naîtraient en outre, pour la métropole, de nouvelles et sûres garanties contre toute attaque du dehors; et ses îles occidentales, véritables sentinelles avancées de ses relations avec les républiques de la côte ferme, seraient enfin mises à l'abri d'un coup de main par leurs propres habitants, qui, tant de fois sont tombés au pouvoir de l'ennemi, soit par la faiblesse numérique, le défaut d'ensemble ou la trahison de quelques-uns de ceux qui se prétendaient jadis exclusivement appelés à l'honneur de les défendre (voyez note 13). En ce qui touche l'économie intérieure, non seulement les colonies n'auraient plus à demander à la métropole des allocations de fonds, motivées sur la nécessité d'augmenter leurs garnisons, afin de pouvoir se défendre contre elles-mêmes des dangers dont les menace audedans leur mauvaise constitution... Triste aveu de la faiblesse des oppresseurs et de la force des opprimés! Mais encore, et avant qu'il soit long-temps, les garnisons actuelles, et avec elles la dépense qu'elles entraînent, pourraient être diminuées de moitié, sans le moindre inconvénient, par l'effet tout naturel de la juste pondération que notre hypothèse tendrait à établir entre les éléments de la société dans ces contrées lointaines.

Le rang élevé que vous occupez, Messieurs, dans l'ordre

social et politique, vous permet plus qu'à tout autre d'apercevoir, à de vastes distances, tout ce qui regarde les hauts inrêts de la nation sous ce double rapport. Il nous siérait donc mal d'insister devant vous sur l'importance de nos colonies, considérées comme positions navales, protectrices de notre commerce maritime, etc. Nous nous tairons également sur la part que peut avoir l'honneur du pavillon français dans toutes les mers, à la conservation de ces intéressants points de relâche et de ravitaillement; vous n'avez conseil à prendre, à cet égard, que de vos nobles sentiments patriotiques. Mais il est d'autres considérations qui, pour être d'un ordre secondaire à côté de ces grandes questions, n'en sont pas moins dignes de votre sollicitude : les colonies à esclaves ne peuvent se comparer maintenont qu'à une mine prête à sauter à la première étincelle, on ne saurait se le dissimuler plus long-temps. N'est-ce donc rien que d'éviter l'effusion du sang et la dévastation dans une pareille conjoncture? Que d'obtenir sans secousse, sans frais, par une transition douce et insensible, la mutation de la propriété de trois ou quatre mille familles mécontentes, en faveur de plus de deux cent mille individus dont on aura fait des hommes, des citoyens, qu'une reconnaissance sans bornes attachera éternellement à la métropole; quand, par cette voie de mansuétude pour les uns et d'équité envers les autres, on a la certitude que, loin de courir le moindre risque, la production ne peut que gagner et s'accroître? Quels scrupules peuvent encore alimenter l'hésitation en présence d'une semblable perspective?... Il y a plus : l'entier succès de la mesure fût-il douteux, qu'il serait encore prudent de l'adopter comme la plus juste, la plus humaine, la plus féconde en bons résultats, et la moins hasardeuse de toutes celles qui pourraient conduire à la liberté générale des esclaves de la France.

A ceux qui nous opposeraient que ce remboursement, quelque réduit qu'il paraisse, serait encore onéreux à la France; que l'origine d'un impôt ne justifie point son application à l'objet qui l'a produit; qu'en un mot, la fortune publique se constitue de toutes les sommes qui rentrent par la loi dans les coffres du trésor, et que le gouvernement, qui n'est que le tuteur de la nation, n'a pas le droit d'être généreux à ses dépens, etc. Nous répondrions que ce n'est point une aliénation gratuite que nous proposons, mais bien au contraire un placement de fonds fructifiable et solide; car la conséquence nécessaire du parcellement étant par tous pays d'augmenter la valeur du sol, en mettant la propriété à la portée de tous et en multipliant l'aisance des prolétaires, il est indubitable qu'avant peu, chaque lot de terre vaudrait à lui seul le prix de son remboursement, y compris le rachat du concessionnaire, et le dépasserait même de beaucoup, comme cela est démontré page 41. Nouveau Guillaume Penn, l'État, dans notre hypothèse, rachetterait à leurs anciens propriétaires le sol de ses colonies, pour le distribuer à des mains accoutumées à le faire valoir. Mais renoncerait-il, par cette œuvre d'équité philanthropique, à se faire un jour rembourser de ses avances à son tour? Perdrait-il son droit de premier bailleur de fonds sur ce sol dont il aurait su rendre les habitants libres et heureux? Ne serait-il pas toujours le maître d'assurer la rentrée de ses capitaux avec intérêts par les voies les plus énergiques, si, contre toute attente, cela devenait nécessaire? Car il ne s'agit ici que d'une cession conditionnelle, puisqu'on y attache l'obligation d'entretenir et faire valoir selon la destination des usines. Nier cette triple conséquence, serait admettre avec nous que la propriété territoriale perd tout son prix par la retraite de ses esclaves, et à bien plus forte raison quant à ses détenteurs actuels; ce qui ne ferait, au résumé, que confirmer la nécessité de la comprendre dans le remboursement, puisque, par le contraire, on avouerait ouvertement tout ce qu'a de dérisoire l'allégation banale dont s'étaie l'indemnité par capitation. *Votre propriété vous reste!*... N'est-il pas évident que, dans notre hypothèse, la créance est garantie par le sol, tandis que, dans l'autre cas, le déboursé du gouvernement serait en pure perte pour lui, sans fruit pour les esclaves rachetés, et ruineux pour la production comme pour le commerce.

Mais cette réponse amère et cruelle, qui condamne le colon dépouillé à rester enchaîné sur son triste rocher, ne lui sera point faite par sa mère-patrie. Cette belle France si loyale, si généreuse dans ses sentiments, tressaillira de joie sans doute, en apprenant enfin la reconnaissance d'un principe qu'elle sollicite depuis si long-temps et par de si vives instances; mais elle rougirait de la devoir à une injustice. Et, si quelque chose pouvait la consoler de n'avoir pas été la première à la proclamer officiellement, c'est la conviction que ses honorables mandataires n'ont reculé de quelques années ce grand acte d'humanité, que pour le mettre en harmonie avec les idées d'ordre et de saine équité qui président à leurs sages délibérations, sous l'influence du monarque chéri, dont le cœur paternel applaudit avec amour à de si nobles travaux.

A ces causes, l'exposant conclut à ce qu'il vous plaise, Messieurs, si mieux n'aime le gouvernement prendre l'initiative, proposer, vu l'urgence, une loi dans le sens des bases ci-après :

Proclamer immédiatement l'abolition de l'esclavage pour les enfants à naître. Restreindre à cinq ans au plus le terme définitif de son application générale et absolue dans toutes les colonies françaises. Provoquer d'ici là l'émancipation partielle, au moyen de l'indemnité offerte, et du silence de la loi sur l'avenir des retardataires. Fixer à mesure le sort des affranchis agriculteurs. Utiliser ce délai pour préparer les esclaves à la liberté. Améliorer leur condition, en attendant, par l'adoucissement du régime disciplinaire, et la gratification d'un jour par semaine.

Ouvrir un crédit de vingt millions par an, pendant cette période seulement, pour le rachat des esclaves, du sol et des usines rurales de qui voudra se désintéresser utilement, au taux qui sera déterminé d'après le nombre de têtes au 31 décembre 1836, la surface du sol habité, et la classification des usines; lequel ne pourra, dans tous les cas, dépasser le maximum de 800 francs par sujet de un à soixante ans; 300 francs par hectare; 45, 30 et 15 mille francs par usine à sucre de première, deuxième et troisième classe; 3,000 francs pour celles des chaufourneries, et 1,400 francs pour les usines des autres habitations excédant huit hectares de surface territoriale; ni porter le dividende du remboursement général au-delà de *deux cent cinquante millions*.

Répartir ce sol et ces usines entre les nouveaux affranchis, au fur et à mesure de leur libération, à raison d'un hectare par individu; à charge d'entretenir et faire valoir pour leur compte. Les constituer en sociétés particulières par habitations, dans les sucreries seulement.

Le gouvernement ne fait qu'avancer aux colons le prix du rachat, son capital devant lui être remboursé plus tard par les affranchis, au moyen de l'amortissement de la redevance à établir sur les terres et usines ainsi rachetées et concédées.

Cette redevance, calculée sur le pied de 5 p. °/₀ de l'avance fournie, ne serait exigible qu'après cinq ans de jouissance, ce qui réduirait le sacrifice du trésor à la privation des intérêts durant ce temps.

Le rachat ne concerne que les biens ruraux, et ne pourra s'appliquer aux propriétés urbaines, excepté les esclaves.

Établir un inspecteur de culture par commune y résidant.

Établir une école mutuelle gratis dans la même proportion, pour les libres et les esclaves.

Modifier la loi du 24 avril 1833, en ce qui touche les élections.

Établir de suite le régime municipal dans le sens de cette modification.

Remanier la composition du personnel de la magistrature coloniale.

Pour achever de fixer notre pensée sur l'ensemble et les détails du projet, nous essaierons de formuler ces bases comme il suit:

§ Ier.

Article 1er.

L'émancipation des esclaves est proclamée en principe dans toutes les colonies françaises.

Article 2.

Le terme définitif de son application générale et absolue, demeure fixé à cinq ans du jour de la promulgation de la loi, dans chaque colonie, hors les enfants à naître qui seront libres de droit à partir dudit jour. (Voir l'article 42 ci-après, § 3.)

ARTICLE 3.

Tout propriétaire d'esclaves, terres et usines rurales, possédant plus de trois hectares de terre, aura, pendant ce laps de temps, la faculté d'en reclamer le rémboursement, qui lui sera octroyé aux clauses et conditions suivantes.

ARTICLE 4.

Pendant le cours de la période susdite, le gouvernement métropolitain remboursera à ceux des propriétaires qui en feront la demande officielle, conformément à l'art. 7 ci-après, ou dans la forme qui serait ultérieurement déterminée, l'intégralité de leurs esclaves, terres et usines (hors l'exception spécifiée aux art. 30 et 35), sur les prix de base qui résulteront : 1° pour les esclaves, du nombre de têtes de un à soixante ans, d'après le relevé général des dénombrements de toutes nos colonies, au 31 décembre de la présente année 1836, pris comme diviseur de cent soixante-neuf millions. 2° Pour le sol, de la quantité d'hectares concédée et habituée en toutes cultures, énoncée comme telle dans les derniers travaux de relèvements topographiques des ingénieurs du gouvernement attachés au service des colonies, et comparée aux déclarations exprimées par les dénombrements ; laquelle surface sera prise pour diviseur de cinquante-un millions 500,000 fr. 3° Enfin, pour les bâtiments et usines, d'après leur relevé numérique, également fourni par les rapports des gouverneurs et les dénombrements, par nature de culture et leur classification suivant le mode proposé page 24 du présent travail; de manière, toutefois, à ce que leur évaluation ne puisse excéder vingt-neuf millions 500,000 fr. Le dividende du remboursement général ne devant, dans aucun cas, dépasser le maximum de deux cent cinquante millions. (Voir la note au dos de l'aperçu général.)

ARTICLE 5.

Ces paiements seront faits à Paris en espèces ou coupons de

rentes 3 ou 5 p. %, selon qu'il conviendra à l'État de les effectuer.

ARTICLE 6.

Il sera établi, près le ministère de la marine et des colonies, une commission de liquidation qui sera spécialement chargée *d'apurer* les comptes relatifs aux remboursements et rachats en question, de vérifier et constater la validité des titres et réclamations, et de fournir sur le trésor les mandats motivés, sur lesquels seront opérés les divers paiements, après l'expiration des délais de rigueur accordés aux tiers intéressés pour l'opposition.

ARTICLE 7.

Les demandes en remboursement seront adressées directement à la commission sus mentionnée par tout colon résidant en France, et aux gouverneurs, dans chaque colonie, par ceux qui y demeurent. Elles devront spécifier : 1° la nature de l'établissement et le lieu où il est situé; 2° le nombre des esclaves de un à soixante ans que contient l'habitation, et la quantité de terre exprimée en hectares; 3° pour les sucreries, le détail bien circonstancié des bâtiments et usines servant à leur exploitation. Le tout, appuyé des actes de propriété et du dénombrement de chaque habitation et, autant que possible, d'un plan linéaire.

ARTICLE 8.

La commission statuera sur la quotité des remboursements, d'après le procès verbal constatant l'abandon et la remise de chaque domaine, lequel précisera : 1° l'état des bâtiments et usines et leur importance ; 2° l'état de la culture ; 3° la quantité des esclaves trouvés lors de la remise et le nombre d'hectares de terre cultivable.

ARTICLE 9.

Nul ne pourra percevoir le montant de sa liquidation, qu'en fournissant, à l'appui, un certificat de non inscription délivré par le conservateur des hypothèques de sa colonie, ou une déclaration de radiation en bonne forme, dûment légalisée, etc., nonobstant le délai fixé par l'article 11 ci-après.

ARTICLE 10.

Les demandes en remboursement ne seront accueillies par la commission, qu'au prorata du crédit ouvert chaque année pour cet objet, et le montant n'en pourra être réglé et soldé que dans ce rapport et suivant l'ordre de date des déclarations. Tout excédant sera renvoyé à l'exercice suivant s'il y a lieu.

ARTICLE 11.

Tous créanciers, porteurs de titres réguliers, seront admis à intervenir, par voie d'opposition, sur les prix de rachat, même des esclaves isolés. Il leur sera accordé, à cet effet, un délai d'un an, à dater du jour de la liquidation, pour les colonies occidentales, et de deux ans pour celles des Grandes-Indes.

ARTICLE 12.

En ce qui touche spécialement les sucreries, les demandes en remboursement ne seront accueillies pour la classe qu'elles concernent, art. 4, qu'autant qu'il sera justifié par le procès-verbal prescrit par l'art. 8, que les bâtiments et usines de l'habitation sont en état de fonctionner au moment de la livraison, et que ses terres sont plantées et entretenues selon la force de son atelier. Autrement, l'établissement de première classe n'aura droit qu'au prix de la seconde, celle-ci à celui de la troisième, et cette dernière enfin subira une réduction des deux tiers de la valeur de ses usines.

ARTICLE 13.

Il sera ouvert un crédit de vingt millions par an, pendant la période sus mentionnée, pour faire face aux demandes présumées pour toutes nos colonies à esclaves.

ARTICLE 14.

Les propriétés urbaines, composant les villes, bourgs et villages, chefs-lieux de communes, ne peuvent, en aucune manière, participer au bénéfice du rachat, qui n'est applicable qu'aux biens ruraux, à l'exception des esclaves, conformément à l'article 16 ci-après. Elles restent garanties à leurs possesseurs sans distinction de couleur ou de castes. L'industrie et le commerce y demeurent sous la protection et les encouragements du gouvernement métropolitain et des autorités locales.

§ II.

Article 15.

Les esclaves rachetés seront déclarés libres sur-le-champ. S'ils dépendent de terres ou usines rurales, celles-ci leur seront immédiatement livrées et distribuées dans la proportion fixée par l'article 19, et deviendront leur propriété, soit à titre de baillette, soit autrement, sous la condition expresse d'en acquitter les charges, d'en continuer l'exploitation pour leur compte, selon la destination des usines, et d'entretenir celles-ci.

Article 16.

L'affranchissement des esclaves isolés du sol, tels que domestiques, ouvriers, ou autres, ne figurant pas sur un dénombrement terrien, les marins, etc., continuera d'être soumis, quant à la forme, à l'ordonnance royale du 12 juillet 1832, sans préjudice de leur remboursement au taux commun.

Article 17.

La division du sol sera faite, comme il va être dit, en présence du procureur du roi, ou d'un commissaire spécial, désigné par l'autorité locale, dans chaque juridiction coloniale, par un arpenteur appelé à cet effet, le propriétaire, son fondé de pouvoirs, ou le gérant présent. Les frais de parcellement seront supportés par le cédant; le gouvernement en fera l'avance et les retiendra, avant tout, sur le montant de la liquidation.

ARTICLE 18.

L'acte de partage, descriptif des lieux, établira l'association des nègres entr'eux, et règlera les droits et les obligations respectifs de chacun pour les habitations sucreries, selon ce qui a été dit, page 24et suivantes, au mode d'association.

ARTICLE 19.

La répartition sera faite par parts égales, d'un hectare chacune, entre tous les esclaves portés au dénombrement de l'habitation, sans distinction d'âge ni de sexe, moins toutefois, dans les sucreries seulement, l'emplacement des bâtiments et usines, le rayon de terrain nécessaire à leur service, et la quantité de savanes jugée utile pour la nourriture des animaux de travail, dans le rapport d'environ un hectare par tête : toute cette partie du fonds devant rester indivise dans la société.

ARTICLE. 20.

Les lots seront, autant que possible, disposés par familles ; ils jouiront ou seront grevés des servitudes établies par la loi selon leurs étages, par rapport aux usines communes, à l'eau, aux chemins de sortie, etc.

ARTICLE 21.

Chaque hectare, concédé après rachat, sera passible d'une redevance annuelle envers le gouvernement, calculée sur le pied de 5 p. °/₀ de sa valeur moyenne, laquelle sera le quotient de la division de deux cent cinquante millions, par la surface des terres habitées de toutes les colonies à esclaves, exprimée en hectares, comme il est dit à l'article 4.

ARTICLE 22.

Le mode de perception de cette redevance sera ultérieurement déterminé. Dans tous les cas, elle ne pourra être exigée qu'après cinq ans de jouissance.

Article 23.

Il sera loisible aux concessionnaires ou ayant-droit de s'affranchir de la redevance par voie d'amortissement. Les formes et la quotité en seront également fixées utilement.

Article 24.

Les parcelles, dévolues aux enfants mineurs, seront cultivées par les soins de leurs père, mère, tuteur ou tutrice, de la même façon que les autres.

Article 25.

Le régime des tutelles et curatelles sera régi, à l'égard des mineurs, par le code civil, ainsi que cela se pratique maintenant pour les autres libres et affranchis. Les tuteurs des orphelins seront nommés d'office, lors des partages, pour abréger.

Article 26.

Il en sera de même pour celui des successions, sauf l'exception de l'article 29 ci-après.

Article 27.

A chaque lot ou portion de lot, dépendant d'un établissement exploité en communauté, reste toujours attachée l'obligation de cultiver selon la destination des usines, principalement pour les sucreries; quelles que soient, d'ailleurs, les mutations qu'ils puissent éprouver par la suite.

Article 28.

Faute par les concessionnaires ou leurs ayant-cause de cultiver ou faire cultiver, ainsi qu'il vient d'être dit, et conformément aux statuts établis dans les sociétés auxquelles ils se trouvent agrégés, et de payer les redevances exigées, ils seront considérés comme renonçant au bénéfice de leur concession, et pourront en être évincés dès la seconde année de contravention à la présente loi, pour lesdits lots ou portions d'iceux, être vendus, comme déshérence, dans les formes accoutumées, et leur produit rentrer dans les coffres du trésor.

ARTICLE 29.

A défaut d'héritiers reconnus par la loi, dans le même délai et dans les cas prévus ci-dessus, le ministère public requerra la vente aux enchères dans la forme ordinaire, sur la mise à prix qui sera établie d'après les bases de l'article 21; et les parcelles, ainsi adjugées, seront livrées aux acquéreurs, franches de redevances.

ARTICLE 30.

Excepté les habitations de trois hectares de surface et au-dessous, dont les détenteurs auront la faculté de présenter isolément leurs esclaves au rachat pour être colloqué sur les autres habitations ayant un excédant de terres, et particulièrement sur les sucreries; les terres et usines rurales, auxquelles seront attachés, par un dénombrement quelconque, les esclaves proposés pour le remboursement, ne pourront être séparées de ceux-ci sous aucun prétexte. Dès que l'esclave appartient à la terre, celle-ci et tout ce qui y tient, devient sa propriété par le seul fait de son affranchissement, aux conditions sus établies, et dans le rapport fixé par l'article 19.

ARTICLE 31.

Les terres et usines des sucreries entièrement dépeuplées pourront être concédées aux anciens libres qui en feront la demande, aux conditions de l'article 15 et suivants du présent paragraphe, en justifiant toutefois de leurs moyens d'exploitation, soit par leur nombre, soit par leurs capitaux, ou à ceux désignés aux articles 32 et 33 ci-après.

ARTICLE 32.

Celles qui ne le seront qu'en partie pourront être mises au

complet par des affranchis de sucreries où il y aura excédant, ou tous autres, même des villes, auxquels il sera fait offre de s'y agréger, si bon leur semble, pourvu qu'ils soient en âge et en état de travailler.

ARTICLE 33.

Pour les sucreries dont la population surpasserait le rapport d'un sujet par hectare de terre, le surplus des terres sera réparti sur celles où cette proportion serait inverse, en ayant égard, autant que faire se pourra, dans ces sortes d'agrégations, aux préférences des intéressés.

ARTICLE 34.

Les plantations de cannes, existant sur les habitations au moment de la répartition territoriale, seront fabriquées en commun par tous les actionnaires, et leur produit sera partagé, ainsi qu'il est dit à l'article *Bestiaux* et *Matériel d'exploitation*, page 26 (mode d'association).

ARTICLE 35.

Tout ce qui vient d'être dit, sans spécification pour les sucreries, s'applique à toutes autres espèces d'habitations, avec cette différence que les plantations de celles-ci seront toujours divisées par parts égales, lors des partages de terrain, sans prélèvement de savanes, etc.; qu'il sera loisible à chacun d'en fabriquer séparément les produits aux usines communes; que l'association n'est point obligatoire entre les concessionnaires, et que les détenteurs des propriétés de huit hectares de surface et au-dessous n'auront pas droit au remboursement des bâtiments et usines.

§ III.

ARTICLE 36.

En ce qui touche les esclaves dont l'affranchissement suivra de plus ou moins près la promulgation de la présente loi, et jusqu'à ce qu'il plaise à leur maître de leur en octroyer le bénéfice durant le cours de la période fixée, ils ne devront dorénavant auxdits maîtres que cinq jours par semaine, et neuf heures de travail par jour.

ARTICLE 37.

Ils auront droit néanmoins à l'ordinaire accoutumé, si mieux ils n'aiment un jour en sus, dans les habitations où l'usage est de leur accorder le samedi en remplacement des vivres en nature ; ce qui réduirait alors, pour le maître, leur travail à quatre jours, soit 36 heures par semaine.

ARTICLE 38.

La peine du trois-piquets ou de l'échelle, celle de la souche, du collier de force, des jambières, etc., sont et demeurent à jamais abolies dans toutes les colonies françaises.

ARTICLE 39.

Le *maximum* des châtiments laissés à la discrétion des maîtres, reste fixé à cinq coups de fouet. Il ne peut être infligé qu'à la seconde ou troisième récidive, et ne doit, dans aucun cas, être appliqué plus d'une fois au coupable, pour la même faute.

ARTICLE 40.

Tout délit susceptible d'une plus forte correction, sera déféré à la connaissance du juge de paix, qui pourra ordonner jusqu'à dix jours de prison sur l'habitation ou à la geôle. Les peines au-dessus rentreront dans la compétence des tribunaux ordinaires, selon la nature des délits. Dans tous les cas, la décision ou le jugement seront rendus contradictoirement entre le maître et l'esclave, et ouï le rapport spécial de l'inspecteur de culture dont il est parlé ci-après, § 4, lequel représentera toujours le dernier aux débats, sous l'assistance de l'avocat qui devra chaque fois être nommé d'office pour défendre l'esclave accusé ou plaignant.

Article 41.

Toute négresse esclave qui s'est déclarée et fait reconnaître enceinte, est exempte de la peine du fouet, sous quelque prétexte que ce puisse être.

Article 42.

Les enfants qui naîtront de parents esclaves seront, à dater de la promulgation de la présente loi, déclarés libres de droit, conformément à l'art. 2 du § 1er, et inscrits comme tels sur les registres de l'état civil. Les maîtres n'en seront pas moins tenus de pourvoir à leur nourriture et entretien comme par le passé, jusqu'à leur libération de fait, et ne pourront prétendre à aucune indemnité pour iceux, soit qu'ils attendent l'expiration des cinq années ou qu'ils se fassent rembourser avant. Ces enfants auront droit au partage.

§ IV.

Article 43.

Il sera établi, dans chaque quartier de toutes les colonies, un officier spécial ayant le titre d'inspecteur de culture, aux appointements de deux à quatre mille francs par an, suivant l'importance de ses travaux. Cet emploi pourra se cumuler avec celui de maire ou d'adjoint à la mairie.

Article 44.

Ces employés seront commissionnés par le ministre de la marine et des colonies, sur la présentation des gouverneurs; ils seront assermentés, et choisis, autant que possible, parmi des gens de couleur suffisamment instruits, ou parmi des blancs européens d'une impartialité reconnue; ils relèveront directement des procureurs du roi, avec lesquels ils correspondront dans chaque arrondissement de juridiction.

Article 45.

Leur surveillance s'étendra aux habitations exploitées par les nouveaux affranchis, comme à celles administrées par les maîtres ou leurs représentants. Dans les premières, ils constateront par des procès verbaux les infractions ou inobservances des cultivateurs aux obligations qui leur sont imposées par la loi ou les statuts de leur société; ils en indiqueront les causes pour chaque établissement, et les consigneront dans leurs rapports, aussi bien que les améliorations qui leur paraîtront praticables. Dans les secondes, ils scruteront avec soin le régime de leur police intérieure, en signaleront les abus, et tiendront la main à la ponctuelle exécution des articles contenus au § 3 ci-dessus, et aux articles 54, 56 et 57 du § 5. Ils connaîtront en premier degré de tous les différents entre les maîtres et leurs esclaves, dont ils recueilleront les griefs réciproques. S'ils ne parviennent pas à les concilier par toutes les voies de persuasion qu'il leur est enjoint d'employer préalablement, ils introduiront pour les esclaves et les défendront en personne devant le juge de paix, soit qu'ils se portent plaignants ou simplement défendeurs; dresseront un exposé pour chaque affaire où ils présenteront les faits avec exactitude et impartialité. Ils soutiendront également devant les tribunaux ordinaires la plainte ou la défense, dans le cas et la forme prévus par l'article 40 du § 3, ainsi qu'il y est dit.

Lesdits procès verbaux, rapports, et toutes les pièces émanant de leur ministère, seront par eux inscrites sur un registre *ad hoc*, et transmises mois par mois au procureur du roi, auquel ils fourniront en outre un rapport général, récognitif de tous les faits et actes concernant leurs fonctions, pour être transmis au gouverneur, et, par celui-ci, au ministère de la marine et des colonies.

Article 46.

Ils seront tenus de faire au moins une tournée par mois sur toutes les habitations de leur quartier, et devront en enregistrer sommairement le résultat sur un journal ouvert à cet effet.

ARTICLE 47.

En cas de refus des habitants de laisser les inspecteurs de culture exercer librement leurs fonctions, ceux-ci auront le droit de requérir la force armée et de se faire ouvrir les cases à nègres, hôpitaux, prisons, cachots, et tous les bâtiments qu'ils présumeraient servir à exercer des supplices ou châtiments illégaux envers les esclaves ou qui que ce puisse être ; et ce, même par bris de portes, en se faisant assister du juge de paix.

§ V.

ARTICLE 48.

Tout directeur d'établissement comptant au moins vingt individus exploitant, sera électeur de droit.

ARTICLE 49.

Les conseils coloniaux seront dorénavant composés par moitié en hommes de la classe dite de couleur, réunissant les capacités d'éligibilité exigées par la loi ou nommés par iceux. A l'effet, de quoi le travail des colléges électoraux sera divisé en deux sections séparées ; l'une pour la classe dite blanche, l'autre pour celle réputée de couleur, et chacune nommera ses conseillers.

ARTICLE 50.

Chaque colonie sera représentée en France par deux délégués, dont un de la classe réputée de couleur, ou nommé par elle. Pour quoi, l'opération du conseil sera comme dessus, double, et séparée pour cet objet seulement.

ARTICLE 51.

Le régime communal sera immédiatement établi dans toutes les colonies.

ARTICLE 52.

Dans les communes où les maires sont éligibles, par les administrés, les blancs et la couleur nommeront séparément leurs candidats au scrutin. Celui des deux qui réunira le plus de voix sera l'élu. En cas d'égalité, il y aura ballotage, et si le résultat est le même, on tirera au sort en présence de tous pour fixer l'élection.

ARTICLE 53.

Tout créole exerçant maintenant les fonctions de juge de paix ou de première instance, d'assesseur, auditeur ou juge, etc., près la cour royale; greffier, procureur du roi ou substitut, etc., sera remplacé par des officiers de même rang, soit européens, soit de couleur; de même que tout magistrat allié à des familles créoles de la colonie où il exerce ses fonctions.

ARTICLE 54.

Il sera ouvert dans chaque commune une école primaire gratuite pour l'enseignement mutuel, principalement pour les libres et les esclaves des deux sexes. Les communes fourniront le local et pourvoiront au traitement des professeurs et aux dépenses desdits établissements au moyen d'une taxe locale qui sera fixée et répartie par l'administration municipale.

ARTICLE 55.

Le traitement des inspecteurs de l'enseignement public, qui seront envoyés de France, sera pris sur les fonds généraux des diverses colonies. Cette dépense ne pourra, sous aucun prétexte, être rejetée par les conseils coloniaux.

ARTICLE 56.

Il est défendu aux maîtres d'entraver le développement intellectuel de leurs esclaves, soit en les empêchant de suivre les écoles communales sur le temps dont ils ont la disposition, soit autrement. Ils seront tenus, en outre, d'y envoyer chaque jour régulièrement tous les enfants depuis l'âge où ils sont en état de marcher pour s'y rendre jusqu'à 14 ans.

ARTICLE 57.

Les professeurs tiendront registre des habitants qui se conformeront à l'article ci-dessus, en indiquant le nombre d'élèves par habitation, et signaleront chaque mois à l'inspecteur de culture ceux qui s'y refuseraient, afin qu'il soit pris par ce dernier, devant les tribunaux, telles conclusions que de droit, pour faire prononcer l'amende contre qui il appartiendra.

ARTICLE 58.

Il est également enjoint auxdits maîtres d'encourager et faciliter de tout leur pouvoir l'éducation chrétienne de leurs esclaves.

§ VI.

ARTICLE 59.

Le lendemain du jour de l'expiration de la cinquième année, à partir de la promulgation de la présente loi dans chaque colonie, tous les esclaves restant encore dans les possessions françaises se réveilleront libres de droit et de fait, et sujets français.

ARTICLE 60.

Quant à la quotité et au mode d'indemnité à accorder, s'il y a lieu, aux colons qui n'auraient point profité utilement du bénéfice du rachat qui leur est offert par le § 1er de la présente, le gouvernement se réserve d'adopter, à cet égard, telles dispositions qu'il appartiendra en temps et lieu.

ARTICLE 61.

En attendant, toutes les lois coloniales maintenant en exécution conserveront leur plein et entier effet, en tout ce qui n'est pas contraire aux dispositions de la présente, pour, à l'expiration du terme fixé, perdre à jamais toute force et vigueur, et être remplacées par un code spécial, approprié au nouvel état des choses.

Messieurs, après avoir usé, et peut-être abusé trop longuement de votre attention, l'exposant n'ose qu'avec crainte, hasarder devant vous quelques mots relatifs à lui-même. Mais il est aussi propriétaire d'une sucrerie à la Martinique, et prend, en cette qualité, sa place dans l'une des catégories qu'il indiquait tout à l'heure; son intérêt privé ne le sépare point des autres colons, bien que ses opinions semblent l'en éloigner. Jaloux de vous donner un témoignage authentique de son intime conviction, il sollicite comme une grâce qu'il lui soit fait immédiatement application du système qu'il a eu l'honneur de vous exposer plus haut, soit par forme provisoire, dans le cas où son adoption ne serait qu'ajournée, soit par une disposition exceptionnelle et à titre d'essai, si elle venait à être écartée. N'ayant pour toute fortune que l'habitation d'où ces notes sont datées, il n'est malheureusement pas assez riche pour donner gratuitement la liberté à ses esclaves, qui d'ailleurs sont la dot de sa fille. Pressé néanmoins par le dégoût que lui inspirait ce genre de propriété, il la vendit en 1824; mais ne pouvant réussir à s'en faire payer, force lui fut de la reprendre pour ne pas tout perdre. Redevenu habitant malgré lui, l'exposant vient avec confiance, invoquer devant vous, Messieurs, les honorables sympathies, qui seules peuvent désormais le soustraire, comme tant d'autres, à la désolante alternative de rester propriétaire de chair humaine, ou d'ôter le pain de ses enfants pour cesser de l'être. Il n'ignore point, non plus que sa famille, que, même évalué sur le *maximum* des bases proposées, son domaine n'atteindra pas les deux cinquièmes du prix auquel il avait été estimé et vendu.... Mais nous n'aurons plus d'esclaves, et nous aurons fait des heureux! Satisfaits dans notre médiocrité, nous serions fiers d'avoir pu contribuer par notre exemple, bien plus que par nos faibles conceptions, à fournir le dernier atôme qui doit tôt ou tard faire déverser sur tous le vase d'élection que tant d'âmes généreuses et d'esprits sublimes, ont si laborieusement et si complètement rempli.

Je suis avec respect,

Messieurs,

Votre très humble

et très obéissant serviteur,

VITALIS.

***APERÇU GÉNÉRAL** de la valeur vénale des Colonies à Esclaves de la France, estimées sur les prix de base proposés page 41, et du maximum des prix moyens par tête, auxquels pourrait revenir le rachat des propriétés rurales, en y comprenant les Esclaves, le Sol et les Usines.*

PRIX moyens, revenant au gouvernem., par tête d'esclaves.	NOMBRE d'esclaves à rembourser dans chaque colonie.	INDICATION DES LIEUX, ET DÉTAIL SOMMAIRE DES DIVERSES ÉVALUATIONS.		MONTANT, PAR COLONIE, DU SOL.	DES USINES.	DES ESCLAVES.	TOTAL de chaque COLONIE.
fr. c.		**ILE MARTINIQUE.**		fr.	fr.	fr.	fr.
1,209 65	66,000	Voir pour le détail, page 41…………………………	………………	13,371,300	15,666,000	52,800,000	79,837,300
		GUADELOUPE ET DÉPENDANCES.	fr.				
		Environ 80,000 hectares terres arables, à 300 fr. l'hectare.	24,000,000	24,000,000	10,830,000	64,000,000	98,830,000
		Environ 208 sucreries, dont 100 à usines de 1re classe, évaluées 45,000 fr. l'une, ci………… 4,500,000 f. Environ 106, dites de 2e classe, évaluées 30,000 fr. l'une, ci………………… 3,180,000	7,680,000				
		Environ 2,250 habitations caféries et autres, à 1,410 fr. par usines, ci……………………………	3,150,000				
		TOTAL………………	10,830,000				
1,235 37	80,000	Ou environ, à 800 fr. l'un, ci………………	64,000,000				
		GUYANE, CAYENNE ET DÉPENDANCES.					
		8,000 hectares terres cultivées, à 300 fr. l'un, ci……	2,400,000	2,400,000	1,217,600	9,600,000	13,217,600
		Environ 18 sucreries, usines de 2e classe, à 30,000 fr., ci………………………… 540,000 f. Environ 484 établissements à café, coton, girofle, poivre, cannelle, muscade, cacao, etc. à 1,400 fr. l'un, ci……………… 677,600	1,217,600				
1,101 16	12,000	Ou environ, à 800 fr. l'un………………………	9,600,000				
		ILE BOURBON.					
		37,000 hect. terres arables cultivées, à 300 fr. l'hect., ci.	11,100,000	11,100,000	3,380,000	40,000,000	54,480,000
		Environ 80 sucreries au prix moyen de 30,000 fr. par usine, ci……………………… 2,400,000 f. Environ 700 établissements à café, cacao, coton, girofle, muscade, etc., à 1,400 fr. pour leurs usines seulement, ci……… 980,000	3,380,000				
1,089 60	50,000	Ou environ, au prix commun de 800 fr. par tête……	40,000,000				
		SÉNÉGAL ET DÉPENDANCES, ILES SAINT-LOUIS ET GORÉE.					
		L'exploitation agricole étant presque nulle dans cette contrée nous ne pouvons guère évaluer sa surface cultivée qu'à une cinquantaine d'hectares par établissement, ce qui donnerait environ 1,500 hectares à 300 f., ci…………………………	450,000	450,000	42,000	2,400,000	2,892,000
		L'on y compte environ 30 établissements où se cultivent l'indigo, le coton, le nopal, etc., à 1,400 fr. pour les usines seulement, ci………………………	42,000				
964 »	3,000	Ou environ, à 800 fr. l'un, ci………………………	2,400,000				
		TOTAUX PARTIELS……		51,521,300	29,155,600	168,800,000	249,256,900
TOTAL général..	211,000	Esclaves de 1 à 60 ans, revenant, au prix moyen général de 1,181f 31c 490m par tête, ci 249,256,900					249,256,900

(*Voir les observations à la note d'autre part.*)

NOTA. Notre position ne nous permettant pas de donner à nos chiffres l'exactitude rigoureuse que l'administration seule est en état de présenter, à l'aide des renseignements dont elle est entourée, nous nous sommes bornés à nous rapprocher de la vérité, autant qu'il nous a été possible, dans le cours de cet aperçu, dont le but principal est d'offrir à l'œil le maximum de la somme totale à rembourser par le gouvernement, réduit à la plus basse expression qu'il puisse atteindre sans injustice. Aussi, laissons-nous, dans l'art. 4, § 1er, du projet, toute la latitude désirable pour y accommoder les prix de base, que nous n'avons mis en ligne que pour la forme, et sauf les réductions que pourront nécessiter la situation réelle de la population esclave et de la surface du sol remboursable, de même que le nombre et la classification des bâtiments et usines.

Il suit de là, qu'en admettant, par exemple, qu'au lieu de 211,000 esclaves que nous comptons, il y en ait encore 278,000, comme l'a avancé M. Mauguin, dans son discours du..., en réponse à M. Isambert, à propos d'une nouvelle allocation de fonds, demandée par le ministre de la marine pour renforcer les garnisons des colonies, etc.; il n'en faudra plus compter le remboursement aux colons que sur le pied d'environ 608 fr. par tête.

Veut-on, contre toute vraisemblance, que les terres remboursables atteignent le chiffre énorme de 250,000 hectares, au lieu de 171,071 qui nous semble résulter du travail des ingénieurs, fourni en 1827. Eh bien! il faudra se contenter de 206 fr., ou environ, par hectare.

L'on subirait de même, s'il le fallait, dans le même sens, une réduction sur les bâtiments et usines.

Que la répartition du remboursement, quel qu'il soit, ait lieu proportionnellement à la perte de chacun; qu'il y ait justice distributive, en un mot, dans cette grave opération, et que les colonies florissent ensuite pour la métropole, comme pour elles-mêmes, sous la bannière de la liberté, il ne nous restera plus de vœux à former à leur égard.

Nous ajouterons seulement, pour compléter cette note, que, le taux du prix moyen revenant au gouvernement par tête d'esclave, y compris la dot, diminuant en raison directe du nombre des affranchissements à octroyer, se réduirait, dans l'hypothèse d'une augmentation semblable à celle prémentionnée, au minimum d'environ 899 fr., dot comprise, par individu à libérer, sans sortir du chiffre étroit de deux cent cinquante millions de francs, somme ronde, considérée comme maximum du remboursement général, et peut-être même à moins. Pour quoi, nous avons pris les dividendes qui figurent à l'art. 4 du projet, comme moyenne générale entre la valeur totale et le nombre des unités qui doivent leur servir de diviseurs. Mais, ce dernier terme nous étant inconnu, et le minimum que nous lui supposons, donnant pour quotient un maximum rationnel inférieur aux prétentions élevées jusqu'ici par les intéressés, nous devons penser que ce mode, qui leur est néanmoins plus favorable que tout autre, bien qu'il laisse, à leur préjudice, la réduction présumable des prix de base proposés, peut d'autant mieux être accueilli par le gouvernement, qu'il n'est susceptible d'aucunes variations croissantes dans le chiffre de ses avances de fonds, et lui présente, au contraire, la perspective d'une forte économie sur cet objet, selon ce qui a été déjà dit.

NOTES.

NOTES.

NOTE 1 (Page 11).

Déjà des réserves improbatives ont été faites au nom de S. M. B., touchant les colonies de la couronne, et déclarées officiellement au salon de la trésorerie, le 29 juillet 1835, par le chancelier de l'échiquier, qui a dit, à l'occasion de l'emprunt de quinze millions sterling destiné au paiement de l'indemnité : « Quant aux sommes pour les Barbades, c'est une » affaire distincte : l'acte pour cette colonie ayant été déclaré par le » roi, en son conseil, peu satisfaisant et mal calculé. » (Voir les journaux de l'époque).

NOTE 2 (Page 15).

Sur les 23,272 affranchissements accordés dans toutes les colonies, depuis la fin de 1830 jusqu'à celle de 1834, la Martinique seule est comprise pour 14,919 individus, qui se composent ainsi qu'il suit :

Ci.	5,710	femmes
et.	6,361	enfants.
Il n'y a donc place que pour.	2,848	hommes.
Égale.	14,919	

Encore faut-il compter plus de la moitié en vieillards et infirmes parmi ces derniers. Quant aux esclaves valides du sexe masculin, ils se paient presque tous à leurs maîtres, et souvent exorbitamment cher.

NOTE 3 (Page 19).

Nous chercherions en vain un seul fait qui pût montrer même le plus léger progrès chez les créoles, touchant la possibilité de les amener à fraterniser avec la couleur, et nous en voyons mille au contraire qui prouvent leur invincible répugnance à cet égard. Nous ne parlerons pas des bancs de la batterie d'Hainault à Saint-Pierre, qui furent enlevés et brûlés en 1830, parce que *des mulâtres s'y étaient assis*; des scènes scandaleuses du Cirque de la même ville, parce que des personnes de couleur y étaient entrées pour leur argent; ni de la fermeture de ce spectacle, et plus tard de celui du Fort-Royal, de même que de celle des cafés de ces deux villes, toujours à cause des mulâtres, et seulement parce que les blancs suffoquent à la seule idée de respirer le même air qu'eux ou d'en éprouver le plus léger contact... Tandis que, par la plus étrange contradiction, la chronique prétend qu'ils ne se trouvent jamais mal auprès des mulâtresses ou même des négresses, pourvu que ce ne soit pas en public. Nous ne dirons rien du renvoi en France de tous les magistrats européens, qui n'ont voulu voir que des hommes dans les gens de couleur, ni de ce secrétaire archiviste qui, en 1832, fut repoussé du conseil privé par les gros *béqués;* puis honni, conspué, poursuivi par les petits dans les rues du Fort-Royal, et ne dut son salut, et peut-être la vie, qu'à une prompte fuite à l'étranger; le tout pour avoir dîné tranquillement avec d'honnêtes citoyens de couleur. Tout cela, et tant d'autres choses, est ou doit être connu en France. Mais voici une anecdote qui ne l'est pas : Un Européen de nos amis s'est marié, il y a vingt ans, à une habitante de la Martinique, jouissant d'une fortune passable, parfaitement bien élevée, remplie de mérite et de vertu, susceptible, en un mot, de faire le bonheur d'un honnête homme sous tous les rapports. Elle était si blanche, si différente par ses mœurs, son maintien décent et réservé des autres femmes de son pays, qu'il ne pouvait pas venir à l'esprit de son futur que le monstre aveugle et sourd qui règne en despote sur ces contrées, l'avait déjà frappée de son sceptre de plomb. Au surplus, il l'eût su, qu'elle n'en fût devenue que plus intéressante à ses yeux. Ce n'est qu'aux formalités de la publication qu'un commissaire commandant, idiot et fanatique adorateur de cette hideuse idole, le lui apprit en refusant net son ministère d'officier civil, attendu que la future était, disait-il, réputée de couleur!!... Mais elle compte trois filiations récentes et successives en légitime mariage de blancs européens parmi ses auteurs; ses papiers l'attestent. N'importe; sa trisaïeule avait épousé un homme de couleur, c'en est assez pour que toute sa race soit à jamais réprouvée!!... Enfin, après bien des chicanes, l'autorité du gouverneur l'emporta, et force fut de célébrer le mariage. Seulement, la qualification de *demoiselle* fut obstinément refusée à la fiancée, mais on s'abstint de lui donner celle de fille de couleur. L'on pense peut-être que l'impure sanie du préjugé s'arrêta là. Oh bien oui! Le mari, auquel on ne pouvait pas ôter, en droit, sa qualité de blanc, la perdit, en fait. On voulut le faire simple fusilier dans une compagnie de couleur, dans un temps où ce seul fait constituait l'état d'un citoyen, et ce ne fut qu'une infirmité qui le garantit de cette honorable persécution, en le dispensant du service des milices. Repoussé de la société des blancs créoles, il devint le paria de son quartier. Aucunes de ces nuances de procédés qui expriment si cruellement le mépris des hommes, dans les mille et mille circonstances de la vie qui les mettent forcément en rapport les uns avec les autres, ne lui furent épargnées. Son existence enfin eût été tissue d'amertume dans une telle situation, s'il n'eût été doué d'une grande force d'âme, et n'eût assez bien jugé ceux qui le vouaient à de pareilles tribulations, pour comprendre qu'il ne pouvait que s'en enorgueillir. Mais, dira-t-on, tout cela date d'une époque où le progrès du siècle ne s'était pas encore fait sentir à la Martinique. Eh bien! ce colon y est revenu après plusieurs années d'absence, depuis la restauration de juillet, accompagné d'une famille délicieuse. Oubliant le passé, il remit quelques cartes de visite, etc... Vous croyez peut-être qu'on les lui a du moins rendues, ne fût-ce que par civilité. Pas du tout; il est encore la brebis galeuse de son quartier comme devant. C'est à ce point qu'à l'occasion d'un bal qui fut donné pour Pâques 1835 par le cercle du Lamentin, un médecin européen, surpris de n'y pas voir la famille du *paria*, qu'il avait occasion de visiter quelquefois, et connaissait sous les rapports honorables qui la distinguent, sans pouvoir soupçonner sa position dans l'opinion coloniale, en demanda la cause au commissaire chargé des invitations : « *J'aurais été honni de tout le quartier*, » lui répondit celui-ci, qui est créole et connaît bien l'esprit de sa caste... Puis il apprit le *grand grief*, et n'en eut que plus de respect pour cette estimable famille.

Un jeune docteur médecin, M. Brouck, de cette île, avait cru au progrès, lui aussi. L'aimant de la patrie l'avait attiré à la Martinique. Il lui était permis de penser que la considération attachée à son état, l'élégance de ses manières et son mérite personnel lui permettraient d'exercer sa profession ici, d'une façon agréable. Pauvre jeune homme!... A peine s'est-il montré que l'on s'est vite rappelé son origine par son nom, car il n'y paraît plus sur sa figure. Il fallait voir alors les mains se reployer sur elles-mêmes comme la sensitive à l'approche de la sienne... Impossible d'y tenir. Force lui a été de repartir presque immédiatement.

L'Européen qui arrive ici pour y exercer une industrie, et que l'on voit donner la main à un homme de couleur, est encore perdu de réputation parmi les blancs, tout comme il y a 25 ans. On se le dit à l'oreille; il est signalé, et c'en est fait de son avenir. Personne ne l'emploiera. Il ne lui reste plus qu'à mourir de faim ou à quitter la colonie, si quelqu'un de la couleur ne vient à son secours...

Mais c'est assez citer, car nous n'en finirions pas s'il fallait tout dire. Faites donc de la fusion avec de pareils êtres ! !... C'est vouloir forcer des enragés à s'embrasser sans se mordre.

NOTE 4 (PAGE 20).

N'est-ce pas le duel proposé au sieur Lasserre par un homme de couleur fatigué de ses vexations, qui a produit le soulèvement de la Grande-Anse du 25 décembre 1832, lequel pouvait amener une catastrophe générale, si la traînée eût pris feu par tout au même instant?... (Voir l'instruction de la procédure, à laquelle cette échauffourée a donné lieu).

NOTE 5 (PAGES 23—31).

Aperçu du Budget d'une Habitation de 40 Journaliers nègres, au prix moyen de 1 fr. 25 c. sec par jour.

RECETTE.

Des 40 journaliers ci-dessus, il en faut retrancher 4 du jardin pour les détournements indispensables ;

SAVOIR :

A la gardes des mulets..... 1

A celle des bœufs......... 1

A la surveillance des bâtiments et usines................. 1

Au service de la grand'case.. 1

Partant il n'en reste que 36 à l'effectif des travailleurs au jardin.

Le maximum du produit moyen par nègre cultivateur étant d'environ 3,000 liv. sucre brut, les 36 ne donneront guère qu'un revenu brut moyen de 108 boucauts d'un millier net chacun, ce qui, au prix net de 200 fr. le mille ne produirait que................ 21,600f

A reporter 21,600f

DÉPENSE.

En ne comptant que 300 jours de travail par an, à cause des fêtes et dimanches, chaque journalier revient à 375 fr. Partant, ce sera, pour les 40, ci........ 15,000f

108 boucauts à 10f pièce, pour loger la récolte, ci............... 1,080

Entretien et réparations des bâtiments et usines, *dito* et remplacement des machines, instruments aratoires et de fabrication, animaux de travail, etc., déperdition par usage, éventualité de la faisance valoir et intérêt du fonds représenté par le matériel bâti, construit et vivant,

A reporter 16,080f

Report	21,600f	*Report*	16,080f
Les 108 bouc. de sucre peuvent donner en sirop ou mélasse, à raison de 40 galons par bouc., environ 4,320 galons au prix moyen de 50c.....	2,160	que nous n'évaluons, pour la sucrerie en question, qu'à la modique somme de 50,000 fr. à 10 p. 100 l'an, ci.............	5,000
		Frais de gestion ou économat..............	3,000
TOTAL des revenus bruts	23,760f	Dépenses imprévues et menus frais de fabrication, ci..............	500
A quoi il faut ajouter, pour balancer les dépenses ci-contre...........	820		
Égale......	24,580f	TOTAL...	24,580f

Partant, le déficit réel est de 820f

NOTE 6 (PAGE 31).

Ce mode d'association serait d'autant mieux apprécié des affranchis, qu'il n'est pas nouveau pour le pays; la plupart des habitants qui manquent de bras, s'étant mis depuis long-temps dans l'usage d'avoir des planteurs partiaires à moitié. L'auteur de ces notes en compte cinq pour sa part, qui exploitent de la sorte une partie de sa propriété : entre autres, un nègre libre, nommé Alidor, qui cultive seul, à ces conditions, près d'un hectare de cannes, dont le produit atteint six milliers de sucre par an, sans qu'il néglige pour cela les vivres de sa petite habitation, sur laquelle il trouve encore le moyen de vendre un peu de superflu.

NOTE 7 (PAGE 35).

Dans son travail sur le nouveau tarif pour les sucres, le conseil de commerce reconnaît que le développement de la production de ceux de betteraves est remarquable, tandis qu'il y a diminution sensible sur le sucre de cannes. Et il en conclut « que ce résultat, dans la marche in- » verse des deux produits, est une *conséquence forcée* de la législation » qui chargerait le sucre colonial d'un droit de 49 francs 50 cent. par » 100 kilo, et laisserait jouir l'indigène d'une immunité complète, etc. » Cette conséquence peut être exacte quant au dernier; mais elle est évidemment erronée en ce qui touche les sucres de cannes : et les rigueurs du tarif sont si loin d'être la véritable cause de leur diminution sur nos marchés, que le droit, fût-il réduit de moitié, la décroissance observée n'en continuerait pas moins, avec la réduction progressive des bras qui font produire le sol des colonies. Les faits eux-mêmes viennent au secours de cette assertion. Par exemple, la douane a-t-elle jamais opéré quelque saisie de sucres embarqués clandestinement pour l'étranger? Non. C'est le contraire qui est arrivé il y a quelques années à la Martinique. Les habitants ont-ils tourné leur industrie agricole vers une autre culture que celle de la canne, pour compenser les pertes éprouvées sur leurs sucres, et diminuer ainsi la production de cette denrée? Pas davantage. Mais qu'on suppute le nombre des nègres importés chaque année de la côte d'Afrique aux colonies, lorsque la traite était permise, et même après qu'elle a été défendue, pour balancer simplement leur consommation en esclaves cultivateurs, et l'on aura la clef de leur décadence depuis l'entière abolition de ce hideux trafic, base unique et monstrueuse de nos produits d'outre-mer, sans laquelle le système de l'esclavage et les colonies qui n'en veulent pas démordre, doivent forcément périr d'épuisement après une agonie plus ou moins prolongée.

NOTE 8 (PAGE 35).

C'est l'exergue des doublons de quelques-unes des républiques de la côte ferme.

NOTE 9 (PAGE 36).

Rapport de M. le vice-amiral Halgan au ministre de la marine, en date du 21 mai 1834, c'est-à-dire *deux mois* après son entrée en fonctions comme gouverneur de la Martinique.

NOTE 10 (PAGE 36).

Ordonnance du gouverneur de Sainte-Lucie, du 29 janvier 1835, qui condamne aux travaux forcés pendant six ans, tout esclave évadé des colonies étrangères, qui se réfugierait dans cette île, etc., etc.

NOTE 11 (PAGE 58).

Le bill d'émancipation, du 15 août 1833, l'établit de 4 à 6 ans, articles 4, 5 et 6. Les premiers seront définitivement libres en 1838, et les seconds en 1840

NOTE 12 (Page 59).

On sait que l'enseignement mutuel est à peu près supprimé dans les villes de Saint-Pierre et de Fort-Royal, seuls points où il avait été possible de l'établir après bien des tracasseries de la part des créoles blancs, qui ont abreuvé de dégoûts le respectable professeur Valin, envoyé de France en 1830 pour organiser des écoles primaires, et l'ont forcé par là à repasser en Europe, où il est mort de chagrin. L'un des premiers actes du nouveau conseil colonial a été de supprimer le traitement de ce fonctionnaire. (Voir l'extrait de la séance du 23 avril 1834, inséré au nº 66 du journal officiel de la Martinique).

Le traitement de l'inspecteur de l'enseignement public est supprimé sous prétexte d'économie, et l'on nous fait payer, par compensation, 6,500 francs pour un rédacteur et un sous rédacteur chargés de la difficile tâche de tirer au clair les idées de ces messieurs! C'est un peu cher, quand même ils y réussiraient... Si cela servait encore à instruire le public de ce qui se dit dans ce conseil... Mais on ne lui a fait part de quelques extraits de ses délibérations que la première année; depuis lors, *motus*; et pour cause... Ces Messieurs se passent pourtant 2,500 fr. de frais d'impression dans leur petit budget de 15,000 fr. Que de sottises on pourrait imprimer et publier pour cette somme!!...

NOTE 13 (Page 60).

En 1762, lors de la guerre de sept ans, les chefs de la milice blanche capitulèrent honteusement à l'insu du gouverneur, qui, se voyant abandonné, fut forcé de capituler aussi. Sa lettre au commodore anglais, à cette occasion, est consignée dans les annales du conseil souverain de la Martinique, t. 2, pages 135 et 136. En 1794, en 1809, la Martinique fut encore prise ou livrée sans coup férir, et faillit l'être de nouveau en 1815, sous le gouvernement de M. de Vaugiraud; cela n'a tenu qu'au succès des alliés à Waterloo.

La Guadeloupe, prise et reprise sans combat en 1759, 1794 et 1810, est encore *offerte* en 1816 au général Leith, qui n'en a pas voulu. Voyez l'adresse des blancs de cette colonie à cet officier supérieur, en date du 16 janvier de la même année, et la noble réponse à laquelle elle a donné lieu...

Il est vrai que depuis le bill d'émancipation des Anglais, leurs partisans sont un peu désenchantés à leur égard! Mais ils n'en sont pas devenus meilleurs Français pour cela; et, tout récemment encore, nous avons entendu, à la Martinique, des voix agitant préalablement la question de savoir s'il conviendrait mieux aux cotons blancs d'appartenir aux Américains ou à leurs alliés de Saint-Pétersbourg, montrer pour ces derniers des sympathies non équivoques. Le motif s'en comprend aisément!

Mais nous aimons à convenir, pour l'honneur du commerce des villes de cette colonie, qu'il est loin de partager cette honteuse aberration de principes, et, qu'en général, il n'a jamais cessé de mériter, sous cet honorable rapport, la sollicitude de la mère-patrie.

Un article du *Moniteur du commerce*, du 16 février dernier, s'efforce de justifier cette étrange facilité à subir le joug du premier conquérant venu, « par les difficultés que présente en pareil cas une population esclave à nourrir; » l'on pourrait ajouter *et à contenir*. Mais nous sommes entièrement de son avis sur ce point; seulement, nous différons quant à la conséquence à déduire d'un fait aussi patent, en ce que nous soutenons, nous, qu'il prouve la nécessité d'abandonner un système si complétement mauvais, que ses propres défenseurs sont entraînés malgré eux à le dénigrer, tout en voulant plaider sa cause.

www.ingramcontent.com/pod-product-compliance
Ingram Content Group UK Ltd.
Pitfield, Milton Keynes, MK11 3LW, UK
UKHW020311220726
13923UKWH00003B/1083

9 782019 667634